Der Autor

Fritz J. Raddatz, geboren am 3. September 1931 in Berlin, ist Professor für Neuere Deutsche Literatur an der Universität Hannover und Vertragsautor der Hamburger Wochenzeitung «Die Zeit».

Zu seinen bei Rowohlt erschienenen Buchveröffentlichungen zählen die Biographien «Karl Marx» (rororo Nr. 8324) und «Heine» (rororo Nr. 8353), die Essaybände «Geist und Macht» (rororo Nr. 8551), «Eros und Tod» (rororo Nr. 8550) und «Revolte und Melancholie» (rororo Nr. 8552), die drei Bände «Zur deutschen Literatur der Zeit» (rororo Nr. 8447/8448/8449, als Kassette Nr. 8450), die Erzählung «Kuhauge» (rororo Nr. 12550), «Pyrenäenreise im Herbst. Auf den Spuren Tucholskys» (1985), «Lügner von Beruf. Auf den Spuren William Faulkners» (1987), «Die Wirklichkeit der tropischen Mythen. Auf den Spuren von García Márquez in Kolumbien» (1988), die Romane «Der Wolkentrinker» (rororo Nr. 13054) und «Die Abtreibung» (1991) und der Essay «Tucholsky. Ein Pseudonym» (rororo Nr. 13371).

Fritz J. Raddatz

ZEIT-*Dialoge*

rororo

Rowohlt

Originalausgabe
Veröffentlicht im Rowohlt Taschenbuch Verlag GmbH,
Reinbek bei Hamburg, Juni 1996

Satz Aldus (Linotronic 500)
Gesamtherstellung Clausen & Bosse, Leck
Printed in Germany
1490-ISBN 3 499 60100 1

Inhalt

«Tiefseetaucher des Schreckens»

Gespräch mit É. M. Cioran

FJR: Ich möchte mich zu Beginn über Ihren Geschichtsbegriff unterhalten. Es gibt bei Ihnen viele zitierbare, widersprüchliche Sätze: die Weltgeschichte als Geschichte des Bösen oder «Meine Leidenschaft für Geschichte kommt daher, daß ich eine Vorliebe für das Kaputte habe» oder «Die Geschichte ist ein irrsinniges Epos». Gleichzeitig rückt Susan Sontag Ihr Geschichtsbild in die Nähe von Nietzsche. Ist das richtig?

É. M. Cioran: Es gibt, wenn ich das vielleicht sagen darf, eine Temperamentsähnlichkeit zwischen Nietzsche und mir: Wir sind beide schlaflose Geister. Das ist eine Komplizität. Aber meine Auffassung von der Geschichte findet sich in den Sätzen, die Sie eben gelesen haben. Das ist meine Einstellung, mein Grundgefühl.

FJR: Noch einmal zurück zu Nietzsche. Susan Sontag sagt: Nietzsche verwirft das historische Denken nicht, weil es falsch ist, es muß im Gegenteil verworfen werden, weil es wahr ist. Sie nennt das auch Ihr Konzept. Das ist doch aber ein anderes?

Cioran: Es ist anders. Der Ursprung meiner Einstellung ist die Philosophie des Fatalismus. Meine Hauptthese ist die Ohnmacht des Menschen. Er ist nur ein Objekt der Geschichte, kein Subjekt. Ich hasse die Geschichte, ich hasse den geschichtlichen Prozeß.

FJR: Sie leugnen den Fortschritt?

Cioran: Ich leugne den Fortschritt. Ich werde Ihnen eine Anekdote erzählen, die mehr ist als eine Anekdote: Hier unweit von mir hat man das beste und das erste Buch über den Fortschritt geschrieben. Hier hat sich während des Terrors Condorcet versteckt und hat das Buch «Esquisse d'un Tableau des progrès de l'esprit humain» geschrieben, die Theorie des Fortschritts, die erste klare und aggressive Theorie des Fortschritts. Das war 1794. Er wußte, daß er gesucht wurde, er hat die Pension de famille verlassen und ist dann in einen Vorort von Paris geflüchtet. In einem Bistro haben die Leute ihn erkannt, ihn angezeigt – und er hat Selbstmord begangen. Und dieses Buch ist die Bibel des Optimismus.

FJR: Jetzt haben Sie eine Anekdote erzählt, aber nicht Ihren Einwand formuliert. Kann man wirklich generell jeden geschichtlichen Prozeß leugnen und daß es innerhalb des Prozesses Fortschritt gibt?

Cioran: Das kann ich nicht leugnen. Für mich aber ist alles, was Gewinn ist, zugleich ein Verlust. Also der Fortschritt ist annulliert durch sich selbst. Jeder Schritt, den der Mensch vorwärts macht, durch den verliert er etwas.

FJR: Geben Sie mir ein Beispiel?

Cioran: Nehmen wir die Wissenschaft, die Arzneien, medizinische Technik, Überlebensapparate. Ich würde sagen: Die Menschen starben früher an ihrem Tod, das war ihr Schicksal; sie starben unversorgt. Jetzt führt der Mensch durch die Arzneien ein falsches, künstlich verlängertes Leben. Er lebt nicht mehr sein Schicksal.

FJR: Aber Herr Cioran, Sie haben mir vorhin ganz erleichtert über die Diagnose erzählt, daß Sie beim Röntgenarzt waren. Das hat ja Herr Röntgen mal erfinden müssen. Kein Fortschritt?

Cioran: Ja, aber es wäre besser, daß ich an meinem eigenen Tod sterbe.

FJR: Aber auch Sie laufen davor weg.

Cioran: Gewiß, ich gehöre dazu, ich bin in diesem Wahnsinn einbegriffen. Ich kann nicht anders. Ich fahre ja auch mit der Bahn. Ich mache alles, was die anderen machen.

FJR: Sie benutzen die geschmähte Zivilisation. Sie haben Telephon und fliegen mit dem Flugzeug.

Cioran: Ich denke heute, es wäre für mich viel besser gewesen, in dem kleinen Dorf, aus dem ich stamme, als Hirtenjunge zu bleiben. Ich hätte das Wesentliche so gut verstanden wie jetzt. Ich wäre dort näher an der Wahrheit.

FJR: Sie meinen, daß Bildung Ihre Wahrheit verstellt?

Cioran: Es wäre besser, daß ich mit den Tieren lebe, mit einfachen Leuten, Hirten eben. Wenn ich zum Beispiel in ganz primitive Orte gehe, also zum Beispiel in Spanien oder Italien mit ganz einfachen Leuten spreche, habe ich immer den Eindruck, daß die Wahrheit bei *diesen* Leuten steckt.

FJR: Sie reden wie ein Aussteiger, ein bißchen wie ein Grüner: «zurück zur Natur».

Cioran: Für das Wesentliche ist die Kultur, ist die Zivilisation nicht notwendig. Um die Natur zu verstehen und das Leben, braucht man nicht gebildet zu sein. Verzeihen Sie noch eine Art Anekdote: Wir hatten in meiner Kindheit einen Garten neben dem Friedhof, und der Totengräber war ein Freund von mir, ich war ein Knabe, und er war etwa fünfzig Jahre alt. Ich bin sicher, daß meine ersten Jahre neben dem Friedhof unbewußt auf mich gewirkt haben. Diese direkte Beziehung zum Tod hat mich bestimmt unbewußt beeinflußt.

FJR: Kann man aus dieser persönlichen Erfahrung ein Philosophem machen? Das ist mein Problem mit dem, was Sie schreiben. Gut, Sie haben sehr jung in der Nachbarschaft des Todes gelebt. Aber berechtigt das zu solchen philosophischen Aperçus wie: «Gestern, Heute, Morgen, das sind Kategorien für Dienstboten»; oder: «Ich war, ich bin, ich werde sein – ist ein Problem der Grammatik und nicht der Existenz»?

Cioran: Die Hauptprobleme des Lebens haben nichts mit Kultur zu tun. Die einfachen Leute haben öfter Einsichten, die ein Philosoph nicht haben kann. Denn der Ausgangspunkt ist das Erlebnis, ist nicht die Theorie. Ein Tier sogar kann tiefer sein als ein Philosoph, ich meine, ein tieferes Lebensgefühl haben.

FJR: Das will ich nicht leugnen, sondern ich will auf etwas anderes hinaus: Dadurch, daß Sie Ihre Gedanken äußern, geben Sie eine Art Wegweiser für andere Menschen. Sie äußern solche Gedanken ja nicht am Küchentisch, sondern Sie publizieren sie. Jedes Publizieren ist ein Stück Belehren. Also führen Sie Menschen zu der Idee: Geschichte ist Katastrophe, Fortschritt gibt es nicht. Kann man das wirklich so kraß vertreten?

Cioran: Ich glaube nicht, daß es eine Lösung gibt.

FJR: Glauben Sie auch nicht an das, was doch jeder Autor eigentlich mitdenkt, wenn er publiziert – eine Humanisierung des Humanen? Ist Ihnen das nicht vorstellbar?

Cioran: Nein, das ist wirklich nicht vorstellbar. Man kann die Geschichte schon ab und zu ein wenig umbiegen, aber tief innerlich, wesentlich kann man nichts ändern.

FJR: Die Natur des Menschen ist unveränderbar, ist böse?

Cioran: Nicht böse: verdammt. Der Mensch ist böse, das will ich glauben, aber das ist fast Nebensache. Der Mensch kann seinem Schicksal nicht entrinnen.

FJR: Es bietet sich bei einem so sinistren Menschen- und Geschichtsbild die Frage an: Warum publizieren Sie überhaupt? Wozu? Für wen?

Cioran: Sie haben absolut recht mit diesem Einwand. Ich bin ein Beispiel für das, was ich beschreibe. Ich bin keine Ausnahme, im Gegenteil. Ich bin voller Widersprüche. Ich bin zur Weisheit unfähig – und doch habe ich eine große Sehnsucht nach Weisheit.

FJR: Sie haben aber mal gesagt, «wer weise ist, produziert nicht mehr». Das Nicht-weise-Sein ist die Quelle des Produzierens.

Cioran: Das ist absolut meine Auffassung. Aber niemand soll mir folgen.

FJR: Niemand soll Ihnen folgen?

Cioran: Wenn er's tut, um so schlimmer. Alles, was ich geschrieben habe, sind nur Zustände, seelische Zustände oder geistige, wenn man so sagen darf. Auf jeden Fall habe ich es geschrieben, um *mich* von etwas zu befreien. Also, ich betrachte alles, was ich geschrieben habe, nicht als Theorie, sondern wirklich als Kur für mich selbst. Die Einseitigkeit meiner Bücher kommt daher, daß ich nur in einem gewissen Zustand schreibe. Ich schreibe, anstatt mich zu prügeln...

FJR: ... jemanden zu köpfen...

Cioran: Für mich ist da eine unglaubliche Erleichterung. Ich glaube, wenn ich nicht geschrieben hätte, hätte es eine noch schlechtere Wendung nehmen können für mich.

FJR: Aber nun ist ja schreiben und publizieren noch nicht dasselbe. Schreiben, sagen Sie, ist Ihre Kur. Und warum publizieren Sie? Doch um andere Menschen zu beeinflussen.

Cioran: Nein, publizieren ist ungemein heilsam. Publizieren ist eine Befreiung, wie wenn man jemandem eine Ohrfeige gegeben hat. Denn wenn Sie etwas publizieren, was Sie geschrieben haben, ist es außerhalb von Ihnen, es gehört nicht mehr Ihnen. Wenn man jemanden haßt, dann muß man hundertmal schreiben, ich hasse den Kerl, und nach einer halben Stunde ist man befreit. Also, wenn ich das Leben angreife, die Menschheit, die Geschichte...

FJR: Kann es sein, daß das sehr stark Aphoristische Ihres Schreibens damit zusammenhängt?

Cioran: Absolut, das ist absolut wahr. Alle Aphorismen, die ich geschrieben habe, sind...

FJR: ... kleine Pillen?...

Cioran: Das ist sehr gut gesagt, es sind Pillen, die ich mir selbst verschaffe, die wirksam sind.

FJR: Nun vergiften Sie natürlich aber auch andere damit, zum Beispiel mich. Wenn ich das mal schildern darf: Als ich zur Vorbereitung auf unser Gespräch noch einmal alles gelesen habe, was es auf deutsch von Ihnen gibt, da tröpfelte so ein Gift auch in mich hinein; mal amüsierte es mich, mal machte es mich verzagt. Da sagte ich mir: Der Mann hat recht, nichts hat eigentlich einen Sinn.

Cioran: Das ist bestimmt wahr!

FJR: Nein, ich meine natürlich nicht Ihre Bücher, sondern nichts auf der Welt hat einen Sinn.

Cioran: Ich glaube das wirklich, daß nichts einen Sinn hat.

FJR: Irgendwo in Ihnen ist da ein kleiner Terrorist versteckt.

Cioran: Nein, ich habe viele Briefe in meinem Leben bekommen – die Leute haben eine Befreiung empfunden. Ich hatte Angst gehabt, als ich die Bücher veröffentlichte, weil ich dachte, ich werde Schaden anrichten. Das Gegenteil ist der Fall.

FJR: Na ja, die Leute, die Selbstmord begangen haben, können sich ja nicht mehr bei Ihnen bedankt haben.

Cioran: So ist das überhaupt nicht.

FJR: Aber jemand, der Leben «Kitsch der Materie» nennt, um mal irgendeinen Satz von Ihnen zu zitieren, oder der selbst den Prozeß der Zeugung als eine «alberne Turnübung mit Grunzen» schildert oder der sagt, «Ich kann nicht mehr das Wort ‹ich bin› sagen, ohne vor Scham zu erröten» – der träufelt das Gift der Verzagtheit oder des Verzagtmachens in andere hinein. Wenn das so ist: «Ich kann nicht mehr ‹ich› sagen, ohne vor Scham zu erröten» – dann muß ich, auch wenn es brutal klingt, fragen: Warum sind Sie denn?

Cioran: Diese Sachen sind geschrieben in einem Moment realer Verzweiflung. Aber das Wort benutze ich nicht gern.

FJR: Zu klebrig?

Cioran: Alles, was ich geschrieben habe, entstand in der Mitte der Nacht. Was ist die Originalität der Nacht? Alles hat aufgehört zu existieren. Sie sind nur Sie allein und die Stille und das Nichts. Man denkt absolut an nichts, man ist allein, wie Gott allein sein kann. Und – obwohl ich nicht gläubig bin, ich glaube vielleicht an nichts – diese absolute Einsamkeit verlangt nach einem Gesprächspartner; und wenn ich von Gott spreche, dann nur insofern, als er ein Gesprächspartner für die Mitte der Nacht ist.

FJR: Sie meinen aber nicht den Gott, den man sich gemeinhin in der Religion vorstellt?

Cioran: Nein, die letzte Grenze. Also einen vorübergehenden Gesprächspartner, man braucht ihn. Das ist mein Gottesbegriff. Aber in der Mitte der Nacht denkt man nicht, ob eine Formulierung gefährlich ist oder nicht. Denn nichts existiert. Es gibt keine Zukunft, kein Morgen. Man denkt nicht daran, Eindruck auf die Leute zu machen, Einfluß zu haben, es gibt keinen Einfluß in der Mitte der Nacht. Es gibt keine Geschichte, alles hat aufgehört. Und die Formulierung kommt ganz überzeitlich, übergeschichtlich, jenseits der Geschichte.

FJR: Aber Sie schreiben auch schon mal am Tage weiter? Und lesen dann, was Sie geschrieben haben?

Cioran: Ja, aber das ist im allgemeinen nachts formuliert. Und das ist wirklich meine – nicht Weltanschauung, eine absolut andere Einstellung: Ich schreibe, gleichgültig ob das Einfluß hat oder gefährlich ist oder nicht, das ist eine absolute Einstellung. Sie kennen sicher Schlaflosigkeit ab und zu, man ist ein anderer Mensch, und man ist nicht einmal ein Mensch, man ist nicht einmal eine Kreatur – alles hat aufgehört, und das Wort Sinn hat absolut keinen Sinn, das kommt nicht einmal in Frage.

FJR: Nur, das Wort «Ich bin» hat auch mitten in der Nacht noch einen Sinn, denn selbst mitten in der Nacht, in der Schwärze der Einsamkeit, mit der fliehenden Grenze Gott, wissen Sie natürlich, daß Sie *sind*, physisch *sind*. Und wenn Sie dann sagen, ich kann aber das Wort «Ich bin» nicht mehr aussprechen, ohne zu erröten, hassen Sie sich ja eigentlich. Gibt es einen Selbsthaß in Ihnen?

Cioran: Selbstverständlich! Das ist klar, alles was ich geschrieben habe, ist, manchmal mehr, manchmal weniger, aber ist immer vermischt mit diesem Haßgefühl. Ich weiß nicht, woher dieses Haßgefühl kommt. Das kann viele Gründe haben, auch den, daß ich nicht die letzte Folge gezogen habe, das kann auch sein.

FJR: Sie meinen den Selbstmord?

Cioran: Ja.

FJR: Sie haben mal geschrieben: «Alle meine Bücher sind verhinderter Selbstmord.»

Cioran: Stimmt.

FJR: Wenn man aber so stark an der Grenze des Selbstmordes, des Hasses, des Selbstekels existiert, dann muß ja die eigentlich ungehörige Frage erlaubt sein: Warum hat der Cioran sich nicht umgebracht?

Cioran: Die Antwort steht in meinem Buch «Syllogismen der Bitterkeit»: Ohne die Idee des Selbstmordes hätte ich mich bestimmt getötet. Das ist der Schlüssel meiner Einstellung.

FJR: Das heißt, Sie denken die Realität weg, die mögliche Realität des Selbstmords. Indem Sie sie denken, verschwindet sie als Realität.

Cioran: Ja. Das ist das Hauptproblem. Ich habe von meiner Jugend bis jetzt mit dieser Idee täglich gelebt. Mit der des Selbstmords. Auch später, bis heute, vielleicht aber nicht mit derselben Intensität. Und wenn ich am Leben bin, ist es kraft dieser Idee. Ich habe das Leben nur aushalten können dank ihrer, sie war meine Stütze: «Du bist Herr deines Lebens, du kannst dich töten, wann du willst» – und alle meine Verrücktheiten, alle meine Exzesse konnte ich so ertragen. Und allmählich begann diese Idee so etwas zu werden wie für einen Christen Gott, ein Halt, ich habe einen Fixpunkt im Leben.

FJR: Der Fixpunkt in Ihrem Leben ist die Idee des Selbstmords?

Cioran: Ja, das hat mich mein Leben lang begleitet und mit gutem Erfolg.

FJR: Wie man sieht.

Cioran: Es ist eine verkehrte Religion, eine Art perverser Religion.

FJR: Auch eine Ritualisierung. Alles, was Sie bisher beschrieben haben, heißt ja, daß Ihre Denkanstrengungen und Schreibanstrengungen eigentlich ein Beschwörungsritual sind.

Cioran: Ja, das ist sehr richtig.

FJR: Mein Einwand oder meine Frage: Wenn das so ist, kann es dann auch sein, daß es die Schwäche in Ihrem Werk ist, daß Sie Realität weg-schreiben, so wie Sie den Selbstmord durch das Schreiben und Darandenken weg-tun; daß Sie sich gegen Realität stellen durch das Schreiben, mit dem Schreiben?

Cioran: Es ist einfach so, daß ich kein aktiver Mensch bin. Wäre ich es, hätte ich Selbstmord begangen. Ich bin ein passiver Mensch, unfähig einzugreifen, auch unverantwortlich, ich habe Angst vor jeder Verantwortung. Schon die Idee einer Verantwortung macht mich krank.

FJR: Vielleicht sind Sie deshalb inzwischen zu einer Art Prediger des Irrationalismus geworden?

Cioran: Irrationalismus hat in Deutschland eine ganz andere Prägung als hier.

FJR: Ich weiß nicht, ob Ihnen der deutsche Dichter Gottfried Benn ein Begriff ist.

Cioran: Ich habe Benn entdeckt vor vier oder fünf Jahren. Aber er hatte auf mich überhaupt keinen Einfluß, denn ich kannte ihn nicht.

FJR: Aber finden Sie nicht, daß Sie ihm sehr nahe sind?

Cioran: Teilweise vielleicht.

FJR: Auf unheimliche Weise nahe. Viele Ihrer Sätze – «Ich möchte eigentlich ein Stein sein», «... daß ich ein Tier sein könnte»,

«Wären wir doch verlaust und heiter in der Gesellschaft der Tiere geblieben» – lesen sich wie Gedichtzeilen Benns, erinnern an sein berühmtes «O daß wir unsere Ururahnen wären. Ein Klümpchen Schleim im warmen Moor».

Cioran: Das ist absolut wahr.

FJR: Warum ich Benn eingeführt habe: Wir kamen vom Irrationalismus, von der Irratio. Auch Gottfried Benn ist ein Prediger der Irratio gewesen, und wo landete das? Ich lese Ihnen jetzt einen Satz von Cioran vor: «Die Vergötzung des Ursprungs des schon verwirklichten Paradieses ist das besondere Zeichen des reaktionären oder, wenn man den Ausdruck vorzieht, des konservativen Denkens.» Benns Statik-Idol und Ablehnung der Geschichte hat ihn an die Grenze des Faschismus geführt. Und solche Sätze von Cioran? Führen sie nicht auch tief ins Reaktionäre?

Cioran: Unter Umständen. Aber wissen Sie, für mich sind Begriffe wie Ursprung, Vorgeschichte, Nicht-Geschichte auf einem anderen Niveau. Reaktionär? Vielleicht. Aber es wäre, glaube ich, richtiger, wenn Sie eine philosophische Erklärung finden würden statt einer politischen.

FJR: Nun leben wir aber in der Geschichte, auch wenn Sie den Begriff leugnen. Stalin war Geschichte, Hitler war Geschichte. Ich lese noch einen Satz von Cioran: «Das Heimweh nach der Barbarei ist das letzte Wort einer jeden Zivilisation.» Bei Ihnen ist doch auch ein Stück Heimweh nach der Barbarei? Nach dem Urschleim? Nach dem Stalaktit, nach dem Höhlenleben?

Cioran: Das ist absolut wahr, ich bestreite es nicht. Das ist nicht überpolitisch, da haben Sie recht. Aber es geht viel tiefer, ist jenseits der Politik, es liegt in meiner Natur, es gab schon in meiner Jugend eine Neigung zur Verneinung, zum Nein, die Wollust des Neins.

FJR: Ihr Bewußtsein formuliert sich überhaupt nur durch Neinsagen?

Cioran: Das ist sehr tief in mir.

FJR: Nun kann das absolute Nein in ein falsches Ja umkippen.

Cioran: Das kann vorkommen.

FJR: Stimmt es, daß Sie in Ihrer Jugend eine Nähe zum rumänischen Faschismus hatten?

Cioran: Ja. Aber ich habe mich nicht für seine Idee, sondern für seine Exaltiertheit interessiert. Das hat zwischen diesen Leuten und mir eine Art Verbindung hergestellt. Eine pathologische Geschichte im Grunde. Denn durch meine Bildung und Auffassung war ich ganz anders.

FJR: Ein sehr wichtiger und entscheidender Punkt: Verneinung, Wegschreiben der Realität, Hinneigung zur Irratio, schließlich solche mirakulösen Abstürze. Eine logische Kette?

Cioran: Keineswegs, denn zugleich habe ich, der Sohn eines Pfarrers, an allen Sitzungen des Jüdischen Weltkongresses in Bukarest teilgenommen, als einziger Nicht-Jude. Und ich war fasziniert. Das ist die andere Seite meiner Natur.

FJR: Sind Sie ein Gegner der Aufklärung?

Cioran: Ich habe jahrelang die französische Aufklärung studiert. Mich hat das angezogen, denn für mich war das auch ein Extrem. So muß man formulieren, glaube ich. Alles was extrem ist, hat mich im Leben fasziniert. Der Marxismus zum Beispiel hat mich nie angezogen. Warum? Weil er zu systematisch ist, zu ernst, starr und dogmatisch und zu wenig individuell. Es gibt keine Laune, keine theoretische Laune im Marxismus.

FJR: Hat dann der Faschismus, genau gesagt: der Nazi-Faschismus, auf Sie auch eine Faszination ausgeübt?

Cioran: Nein.

FJR: Ein Satz von Ihnen über die Nazis: «Und doch zeugte noch dieser Wahn, so grotesk er sein mochte, zu Gunsten der Deutschen. Ließ er nicht erkennen, daß sie im Westen die einzigen waren, die noch einige Reste von Frische und Barbarei bewahrt hatten?» Frische und Barbarei – zwei positive Begriffe bei Ihnen. Dann heißt es weiter: «Und daß sie noch zu einem großen Plan oder einer kraftvollen Verrücktheit im Stande waren.»

Cioran: Es geht mir um die Deutschen, nicht um die Nazis. Ferner ist Geschichte kein Wertsystem. Wahrscheinlich können Sie als Deutscher das nicht anders sehen, das kann ich wohl verstehen. Aber meine Einstellung war immer eine ästhetische, nicht eine politische – ich habe vorhin von Laune gesprochen. Das ist meine Einstellung, nicht die der Deutschen. Die Deutschen sind Prinzipien-Narren, sie haben kein Talent zum Zweifeln. Deswegen sind sie zugrunde gegangen. Sie haben keinen Sinn für Nuancen, das ist ihre Tragödie. Das klingt ein wenig zynisch, was Sie da zitiert haben, aber ich nehme es nicht so ernst wie Sie alle, ob links oder rechts. Sie sind sehr schlechte Spieler in der Geschichte gewesen.

FJR: Nun gibt es natürlich Grenzen der Nur-Ästhetik und Grenzen auch des Spiels. Ich will auf das Eine hinaus: Ob nicht dieses «Nur-immer-nein-Sagen» ein Vakuum schafft, ein Gehirnvakuum, ein moralisches Vakuum, das – der Natur des Vakuums entsprechend – falsch und jäh angefüllt werden kann. Wer immer nur sagt, «ich definiere mich durch das Nein», «mein Bewußtsein entsteht durch Neinsagen», der läuft Gefahr, zu einem falschen Ja verführt werden zu können.

Cioran: Nein, weil ich nie wirklich an etwas geglaubt habe. Das ist der Fehler, den Sie mir gegenüber machen. Ich habe nie an irgend etwas richtig geglaubt. Das ist sehr wichtig. Es gibt nichts, was ich ernst genommen habe. Das einzige, was ich ernst genommen habe, das war mein Konflikt mit der Welt. Alles andere ist für mich nur Vorwand.

FJR: Was ist dieser Konflikt mit der Welt?

Cioran: Das ist sehr einfach. Es ist das Unbehagen in der Existenz, nicht nur in der Kultur, in der Existenz überhaupt. Das ist das

Grundphänomen. Was mein «Verantwortungsgefühl» betrifft, so kenne ich es nur im täglichen Leben – ich habe eine menschliche Einstellung zum Menschen –, nicht aber, wenn ich schreibe, dabei ist er für mich sozusagen undenkbar. Ich kümmere mich dann nicht um die möglichen Folgen eines Satzes, eines Aphorismus, ich fühle mich von moralischen Kategorien befreit. Deswegen soll man auch nicht meine Zustimmungen oder Verneinungen nach diesen Kategorien beurteilen. Zwar habe ich ein intensives, ein krankhaftes Mitleid für alle Wesen, sogar für den Menschen, und ich finde, daß es höchste Zeit ist, daß er verschwindet, damit wir ihm nachtrauern können. Das Mißverständnis zwischen uns kommt daher, daß Sie an die Zukunft, an eine Lösung, an das Mögliche überhaupt glauben, während ich nur etwas Präzises weiß: daß wir alle da sind, nur um uns gegenseitig zu quälen mittels unerschöpflicher Illusionen.

FJR: Haben Sie manchmal in Ihrem Leben das Gefühl gehabt, daß Sie die Grenze gar zum Mord überschreiten könnten?

Cioran: Als Teufel oder Gott hätte ich, glaube ich, die Menschheit erledigt. Da bin ich fast sicher. Aber im Alltag bin ich mitleidvoll. Ich habe in meinem Leben moralisch viele Leute unterstützt, auch während des Krieges in Paris fanden viele Zuflucht bei mir. Aber abstrakt könnte ich ein Dämon sein. Wenn ich die Möglichkeit hätte, die Welt zu zerstören – ich täte es.

FJR: Aber vielleicht leben die Menschen ganz gern? Und Sie würden sie alle umbringen? Das ist ja heute schon durch das Zünden einer einzigen Rakete denkbar. Herr Cioran würde die Rakete gen Moskau schießen, damit die Russen zurückschießen, und in zwei Minuten ist die Welt zerschmolzen. Der Dämon hat seine Arbeit getan.

Cioran: Als Dämon würde ich das machen können, aber nicht als Individuum.

FJR: Wir sind in einem tiefen Wasser. Ziemlich schlimm, was Sie da sagen. Weil Sie empfinden «Ich hasse das Leben» oder «Leben ist ein Plagiat», sollen alle Menschen sterben. Mit welchem Recht...

Cioran: Ich habe ab und zu Anfälle – wenn ich die Möglichkeit hätte, sie alle zu vernichten, würde ich es machen. Das ist eine innere Sache, ein jeder kann das fühlen.

FJR: Wirklich jeder? Es gibt wohl eher wenige Menschen, die das fühlen.

Cioran: Es ist viel schlimmer, als Sie denken. Die Menschen sind im Grunde potentielle Verbrecher, das ist absolut sicher.

FJR: Haben Sie über solche Thesen hier in Frankreich manchmal Debatten mit anderen Autoren geführt?

Cioran: Nein, überhaupt nicht. Ich gebe keine Interviews in Frankreich.

FJR: Ich meine nicht Interviews, sondern Debatten. Mit wem verkehren Sie in Paris, mit welchen Autoren?

Cioran: Ich war sehr befreundet mit Michaux. Auch Beckett ist ein guter Freund von mir.

FJR: Mit Beckett gibt es sicherlich keinen Dissenz.

Cioran: Nein. Aber Beckett will sich auch nicht über so allgemeine Fragen unterhalten; ihm kann man nur konkrete Fragen stellen.

FJR: Also haben Sie eigentlich am literarischen Leben in Paris wenig teil?

Cioran: Sehr wenig.

FJR: Sartre, Camus?

Cioran: Im letzten Jahr des Kriegs, 1944, ging ich jeden Morgen um acht nach Saint-Germain-des-Près ins Café «Flore» wie ein Beamter. Von acht bis zwölf und von zwei bis acht und von neun bis elf. Sehr oft saß Sartre neben mir. Aber ich war ganz unbekannt.

FJR: Aber 1944 war Sartre auch noch sehr unbekannt?

Cioran: Nein, selbstverständlich war er schon bekannt, nicht so berühmt wie später, aber doch sehr bekannt. Wir haben nie miteinander gesprochen, ich kannte ihn nicht näher. Camus habe ich nur einmal gesehen, und er hat mir mißfallen. Er hat mir etwas Unangebrachtes gesagt, als ich mein erstes Buch, «Lehre vom Zerfall», veröffentlicht hatte: «Jetzt müssen Sie sich auf das Feld der wirklich intellektuellen Dinge begeben.» Ich fand das unglaublich unverfroren. Camus war an Bildung ein Provinzler, er kannte nur die französische Literatur. Die «Lehre vom Zerfall» mag kein gutes Buch sein, aber man sieht, daß ich doch ein gewisses Niveau habe. Und dann zu mir zu sprechen wie zu einem Schüler. Ich habe ihn nie wiedergesehen.

FJR: Kannten Sie Céline?

Cioran: Nein. Mit Celan war ich befreundet.

FJR: Und der andere Rumäne in Paris, Ionesco?

Cioran: Den kenne ich sehr gut.

FJR: Wenn Sie sich sehen, sprechen Sie Rumänisch oder Französisch?

Cioran: Nein, Französisch. Ich spreche überhaupt nicht mehr Rumänisch. Ich will nicht mehr.

FJR: Sie könnten aber?

Cioran: Perfekt, selbstverständlich. Aber Rumänisch ist sehr gefährlich für mich, weil es die erste Sprache ist, das zieht, und mit dem Alter kommt sie wieder. Ich habe Angst davor, ich träume auf französisch, aber wenn ich in Zukunft rumänisch träumte, dann wäre ich als französischer Schriftsteller erledigt.

FJR: Wie lange haben Sie daran gearbeitet, bis das erste Buch auf französisch fertig war?

Cioran: Nicht viel, aber Tag und Nacht, drei Jahre.

FJR: Was geht da verloren, wenn man in eine andere Sprache überwechselt?

Cioran: Ich schreibe eine blutlose Prosa, keine direkte Sprache. Ich hätte nie einen Roman schreiben können, nicht etwas Erlebtes. Und die französische Sprache gefällt mir, insofern sie eine Sprache für Juristen und Logiker ist. Und die abstrakte Seite dieser

Sprache hat mich angezogen, und das kann ich manipulieren. Aber ich könnte zum Beispiel nicht diesen Nachmittag beschreiben, das wäre unmöglich. Ich kann nur Resultate wiedergeben. Meine Aphorismen sind nicht eigentliche Aphorismen, jeder ist der Schlußsatz einer Seite, der Endpunkt einer kleinen Epilepsie.

FJR: Sie lassen alles Vorherige weg?

Cioran: Ich lasse alles weg und gebe dann die Conclusion, wie beim Gericht, wo es zum Schluß heißt: zum Tode verurteilt. Aber nicht die Entwicklung des Gedankens, es ist nur das Resultat. Das ist meine Art, das ist die «formule». Deswegen hat man mich mit den französischen Moralisten verglichen und ein wenig mit Recht, denn es kommt nur auf die Schlußfolgerung an.

FJR: Deswegen attackiert man Sie auch.

Cioran: Selbstverständlich. Ich gebe nur das Gift – nicht die Essenz.

FJR: Da schließt sich der Kreis unseres Gesprächs. Wie lebt so ein Mensch, wie kann der lieben, sich amüsieren, ins Kino gehen, essen, trinken?

Cioran: Ich werde Ihnen antworten. Es gibt Gedanken, die man jeden Tag hat. Es gibt Gedanken, die nur Anfälle sind. Ich habe Ihnen gesagt, mein Grundgefühl ist Mitgefühl; ich bin sehr sensibel für das Unglück anderer Leute. Aber in meiner Jugend habe ich an Größenwahn gelitten.

FJR: Ist das geblieben? Leidet Cioran immer noch an Größenwahn?

Cioran: Nur anfallweise.

FJR: Aber die Schärfe hat nicht nachgelassen.

Cioran: Aber die Intensität. Zugenommen hat der «ennui», diese abgründige Langeweile. Meine Mutter, die Frau eines Priesters, hat mir einmal gesagt, das werde ich nie vergessen: «Wenn ich deine innere Qual vorausgesehen hätte – ich hätte dich abtreiben lassen.» Und das hat mir sehr wohlgetan.

FJR: Das hat Ihnen wohlgetan?

Cioran: Ich habe mir gesagt: Du bist ein Zufall. Ein Nichts.

FJR: Jedes andere Kind, dem die Mutter sagt, ich wünschte, ich hätte dich abgetrieben, wäre entgeistert gewesen und würde darunter leiden – und Sie sagen, das hat mir wohlgetan?

Cioran: Es hat meine Idee bestätigt, daß ich ein Zufall, ein Nichts bin. Deswegen war ich unfähig, als Schriftsteller ein richtiges Werk zu schaffen. Nichtsdestoweniger, und das wird mein Schluß sein, habe ich so gelebt und geschrieben, als hätte ich alles *durchschaut*. Die anderen, sogar die großen Philosophen, schienen mir irgendwie borniert, kindlich, naiv, Opfer und Sklaven ihres Genies. Obwohl gesellig, habe ich mich immer einsam gefühlt, zerrissen zwischen Selbstverachtung und Selbstvergötzung. Die einzigen Wesen, mit denen ich mich wirklich verstanden habe, haben kein Werk hinterlassen. Sie waren keine Schriftsteller, zu ihrem Glück oder Unglück. Sie waren etwas mehr: *Meister des Überdrusses*. Einer von ihnen hatte Theologie studiert und sollte Pope werden, ist es aber nicht geworden. Nie, nie werde ich vergessen, die schwindelerregende Unterhaltung, die ich mit ihm eine ganze Nacht lang vor fünfzig Jahren in Kronstadt, Siebenbürgen, geführt habe. Nach so einem Ideenaustausch schien es mir ebenso unnötig, zu leben wie zu sterben. Wenn man nicht die Gier nach Unlösbarem in sich hat, kann man sich nicht vorstellen, zu welchen Exzessen die Negation, diese unerbittliche Klarsicht, fähig ist.

«Adenauer war nach Hitler die zweite deutsche Katastrophe»

Gespräch mit Michel Tournier

FJR: Am Tag nach der Wahl ist natürlich die erste Frage eine außerliterarische: Wie erklären Sie sich den Rechtsruck in Frankreich?

Michel Tournier: Der Durchbruch von Le Pens «Front National» hängt mit dem Zusammenbruch der Kommunistischen Partei zusammen; ein Beweis dafür, daß diese Wähler gar keine Ideologie hatten, sich um Ideologie überhaupt nicht kümmerten, sondern einfach unzufrieden sind. Protestwähler – mal kommunistisch, mal halb-faschistisch. Wähler ohne Ideologie.

FJR: Hat Michel Tournier eine Ideologie?

Tournier: Überhaupt nicht. Ich bin Schriftsteller, und obwohl ich ein persönlicher Freund von Mitterrand bin, habe ich mich immer geweigert, mich für ihn irgendwie einzusetzen.

FJR: Also kein Grass für Willy Brandt à la francaise?

Tournier: Um Gottes willen, nein. Ich bin vollkommen frei. Ich wähle zwar Mitterrand, aber nur persönlich. Der Schriftsteller Michel Tournier hat sich immer verweigert. Mein Name steht über keinem «Comité de soutien de François Mitterrand». Ich gehe sogar noch weiter: Ich halte den Graben zwischen Politikern und Künstlern für unüberbrückbar – der Politiker will Ordnung, der Künstler will Ordnungen sprengen.

FJR: Kann man «persönlicher Freund» eines Staatspräsidenten sein und den von seinem politischen Amt trennen?

Tournier: Ich glaube ja. Er weiß ganz genau, daß ich kein Sozialist bin. Er kommt zu mir, er lädt mich ein, aber wir sprechen nie über Politik. Ich betrachte ihn als einen Schriftstellerkollegen.

FJR: Sie gelten in Deutschland als eine Art Berater von Mitterrand.

Tournier: Ein Gerücht. Jedenfalls Unsinn. Ich erzähle Ihnen eine Anekdote, wie ich Mitterrand «berate»: Es gibt ein Buch, das heißt «Preußische Profile». Einmal, da war Mitterrand bei mir, gab ich ihm das Buch. Es hat ihn begeistert, dadurch hat er endlich verstanden, was eigentlich Preußen war. Und nun kam im Dezember Honecker zu Besuch, da gab es ein großes Essen im Elysée Palast, ich wurde dazu eingeladen. Großes Defilee, Vorstellung und so. Als ich Mitterrand begrüßte, sagte der so laut, daß Honecker es hören sollte: «Ach, Herr Tournier, Sie haben mich doch mit Preußen vertraut gemacht», und ich sagte: «Nicht so laut, Herr Präsident, der da, der ist kein Preuße, das ist ein Saarländer. Er nimmt es vielleicht übel, wenn Sie das sagen.»

FJR: Sie sagen, Sie schätzen Mitterrand vor allem als Schriftsteller?

Tournier: Ja, er kann schreiben, er ist der einzige französische Politiker, der einen Sinn für Literatur hat. Wissen Sie, das ist sehr wichtig in Frankreich. Es gibt eine berühmte Literatursendung im Fernsehen, *Apostrophes,* und deren Chef Pivot hatte die wichtigsten Politiker dazu eingeladen; alle kamen eilfertig – aber die meisten haben sich blamiert. Es war ein Skandal. Zum Beispiel sagte der Kulturminister Léotard auf die Frage nach seiner Lektüre: «Jeden Tag lese ich im Tagebuch von Flaubert.» Aber ein Tagebuch von Flaubert gibt es gar nicht. Und Raymond Barre zitierte Valéry falsch. Zum Heulen. So was würde Mitterrand nicht passieren.

FJR: Welchen Stellenwert hat so was in Frankreich? In Deutschland spielt es in Wahrheit keine Rolle – ungebildete Politiker sind hier die Regel.

Tournier: Die Literatur ist bei uns unvermeidlich. Ein Mensch, der keinen Sinn für Literatur hat, ist als öffentliche Figur nicht akzeptabel.

FJR: Sie haben mal geschrieben: «Französische Schriftsteller sind französischer als sonstige Franzosen. Ich als französischer Schriftsteller habe kraft meines überlegenen Franzosentums das Vorrecht, Frankreich nach meinem Gutdünken mit schärfster Kritik, mit übelsten Beschimpfungen zu belegen – und Ihnen, meinen Lesern, falls Sie nicht selber französische Schriftsteller sind, gestehe ich gerade noch das Recht zu, mir zu lauschen, stehend und entblößten Hauptes, als hörten Sie die Marseillaise.»

Tournier: Wenn Sie mich fragten: «Was heißt für Sie, Franzose sein?», dann würde ich sagen, derjenige, der französisch spricht, ist ein Franzose. Und wenn er Léopold Senghor heißt und aus dem Senegal stammt. Er ist doch ein großer französischer Dichter. Also für mich decken sich die beiden Begriffe – Sprache und Nationalität – vollkommen.

FJR: Sie sagen in diesem Passus aber mehr; Sie sagen, wer besser französisch schreibt, ist ein besserer Franzose.

Tournier: Natürlich. Er hat eine besondere Beziehung zur französischen Sprache: das ist seine Frau, das ist sein Haus, das ist sein Beruf; in diesem Sinn ist er mehr Franzose als die anderen Franzosen.

FJR: Sie sprechen sehr gut deutsch. Wie weit hat die deutsche Kultur Sie, den Schriftsteller Tournier, ernährt?

Tournier: Ohne die Germanistik würde ich einfach nicht existieren, meine Eltern haben sich an der Sorbonne kennengelernt, als mein Vater und meine Mutter Studenten für Deutsch waren. Ich bin schon mit drei Jahren nach Deutschland gefahren, dann gab es den Krieg, die Besatzung, die Befreiung. Noch jetzt mache ich jedes Jahr zwei bis drei Reisen nach Deutschland, DDR und BRD. Das ist wie ein Stück von mir.

FJR: Ich wollte eher wissen, was das für Ihr Œuvre bedeutet. Etwa für Ihr bekanntestes Buch «Der Erlkönig». Ich muß Ihnen gestehen, als ich den «Erlkönig» das erste Mal las, war ich ein bißchen schockiert – über eine fast gefährliche Nähe zum deutschen Irrationalismus, zu völkischen Mythen. Gibt es da eine gewisse Faszination bei Ihnen?

Tournier: Es gibt eine gewisse Faszination. Aber nicht bei mir. Diese Faszination ist das Thema meines Buches. In Goethes Ballade wird ein kleiner Junge von einem großen Gott verführt. Die wichtigste Zeile heißt: «Komm, gar schöne Spiele spiel ich mit dir.» Ich war neun, als die Nazis zur Macht kamen, und ich verlebte alle meine Ferien in Deutschland, und ich habe gespürt, wie die Nazi-Propaganda auch auf mich gerichtet war, auf die Jungen. «Komm, gar schöne Spiele spiel ich mit dir» – sagten die Nazis zu den jungen Knaben dieser Zeit. Das ist das Thema meines Buches.

FJR: Aber man wählt sich nicht ein Thema, das einem innerlich fremd ist, wie ein Biograph sich normalerweise auch eine Figur für seine Biographie wählt, die in ihm eine Resonanz auslöst. Die Faszination ist zwar das Thema, aber das Thema ist kein Zufall. Es gibt ja diese berühmte andere Szene in einem anderen Buch von Ihnen, «Der Wind Paraklet», wo Sie erzählen, wie die Deutschen das Haus Ihrer Eltern in Saint-Germain besetzten, wie Sie der Geruch der Knobelbecher, der Tabak und anderes faszinierte.

Tournier: Das ist ganz anders. Ich war fünfzehn, ich hatte große Schwierigkeiten als Halbwüchsiger, ich war in einem Internat, und ich habe, vielleicht nicht jahrelang, aber mindestens ein ganzes Jahr geradezu gebetet, daß der Krieg ausbrach, ein möglichst katastrophaler Krieg – um mich aus diesem Gefängnis zu befreien. Wie Sie wissen, wurde mein Gebet erhört. Als Frankreich zusammenbrach, als es keine Regierung, keine Polizei, keine Post, kein Finanzamt, überhaupt nichts mehr gab: das war für mich eine ganz großartige Zeit, das war ein Triumph für mich.

FJR: Sie definieren sich jetzt als Liebhaber des Anarchischen. Ziehen Sie das Chaos der Ordnung vor?

Tournier: Es geht nicht um meine Person, sondern um den Schriftsteller Michel Tournier. Also entweder hat man keinen Sinn dafür, dann merkt man das nicht. Wenn man das merkt und wenn man sich dagegen sträubt, kann man darüber was schreiben. Das habe ich getan. Ich war politisch sehr frühreif. Mein Vater war Sozialist, er sprach viel mit uns, wir hörten regelmäßig deutsche Sendungen, Hitler-Reden, und wir wußten, wenn es einen Krieg gibt, dann wird Frankreich zusammenbrechen. Entsetzlich war, als der Zusammenbruch kam, wie die Leute sich plötzlich verändert haben. Diejenigen, die uns immer vorgeworfen hatten, daß wir nach Deutschland reisten, deutsche Freunde, deutsche Gäste hatten, gerade die begeisterten sich nun für Maréchal Pétain und für die deutsche Besatzung. Das war ein Schlag für uns. Ich habe mich gefragt: Was würde passieren, wenn es einen neuen Krieg gäbe, wenn die UdSSR zum Beispiel ganz West-Europa besetzte und wenn wir ein kommunistisches Regime in Frankreich hätten? Wie würden sich die Leute ändern? Niemand kann es sagen. Die Kommunisten würden vermutlich dagegen sein. Was würden die Leute tun, wenn es eine so große Umwälzung gäbe? Das ist eine Erfahrung, die kann man nicht vergessen.

FJR: Macht Sie das skeptisch gegenüber Menschen?

Tournier: Ja. Man kann nie wissen, was aus einem Menschen wird, wenn es eine große Prüfung gibt.

FJR: Was heißt das für den Schriftsteller Tournier? Kann man kreativ sein und gleichzeitig so eine tiefe Skepsis gegen den Menschen hegen? Ist produzieren nicht auch predigen?

Tournier: Das ist eine große Frage. Ich bin sehr skeptisch dem Menschen gegenüber; aber manchmal auch positiv. Es gibt Leute, von denen ich überhaupt nichts erwartet hätte und die sich großartig benommen haben. Man kann nie wissen. Vielleicht bin ich auch ein Feigling, vielleicht bin ich ein Held, aber das kann ich erst wissen, wenn die Prüfung kommt. Ich will nicht predigen – ich schreibe für meine Leser, und was sie aus meinen Schriften machen, das liegt bei ihnen.

FJR: Sie sagen das so oft, Sie schreiben für Ihre Leser. Denken Sie wirklich beim Schreiben an Leser? Viele Autoren sagen ja das Gegenteil, daß sie nämlich zuerst mal nicht an den Leser denken.

Tournier: Ich glaube, es gibt die beiden Familien. Es gibt Autoren, die für sich schreiben. Das gehört zu ihrer Hygiene. Und es gibt Handwerker der Literatur. Dazu gehöre ich. Einfach fertige Gegenstände fabrizieren, damit sie verkauft werden. Diese Gegenstände heißen Bücher. Wenn man mir sagte: «Sie bekommen nie mehr einen Leser», würde ich sofort meinen Füllfederhalter niederlegen und nie mehr schreiben.

FJR: Also die einen machen Kunst – und Sie Kunsthandwerk?

Tournier: Nein, nein, das nicht. Johann Sebastian Bach hielt sich für kein Genie, er hätte gar nicht verstanden, wenn man ihn gefragt hätte: «Haben Sie Talent oder Genie?» Er war ein Handwerker der Musik, und dabei ist er der Größte überhaupt. Ich schreibe Romane, ich schreibe Bücher für meine Leser. Ich schreibe auch kein Tagebuch, keine Geständnisse. Es gibt Autoren, die das brauchen – Jean-Jacques Rousseau, André Gide; sie beichten mit der Feder, und das brauche ich nicht.

FJR: Nun sagen Sie immer, Thomas Mann sei für Sie der wichtigste Autor des zwanzigsten Jahrhunderts. Aber auch Thomas Mann hat eine riesige Beichte in Form seines Werks geboten. Er war nicht nur ein großer Tagebuchschreiber, sondern auch in all seinen Romanen steckt ein großes Stück Beichte.

Tournier: Was hat «Der Zauberberg» mit einer Beichte zu tun? Das ist nicht, was ich Bekenntnis nenne. Rousseau hat zum Beispiel die «Confessions» geschrieben, das ist etwas anderes.

FJR: Von Thomas Mann gibt es das schöne Wort «Schreiben heißt, sein Herz waschen»; das ist eine bessere Formulierung für beichten.

Tournier: Ich habe nichts dagegen. Ich gehöre einfach nicht zu dieser Familie. Meine Familie, das ist mehr Balzac und Emile Zola.

FJR: Sie haben vor Tisch gesagt: «Ich bin ein Profi.» Jetzt habe ich das Gefühl, Sie sind zu sehr Profi – Sie weichen aus. In Ihren Büchern steckt doch viel auch von Ihnen? Schließlich haben Sie eine Autobiographie geschrieben – selbst der Band «Petites proses» beginnt mit der exakten Schilderung dieses Hauses, in dem wir sitzen, von dem Kater, der hier unbeteiligt-gierig auf unsere Crevetten äugt.

Tournier: Aber ich gebe nichts von mir preis.

FJR: Wollen Sie sagen, die Homosexualität als ein zentrales Thema Ihres Werks – gelegentlich gar ihr Lobpreis – hat nichts mit Michel Tournier zu tun?

Tournier: Ich lebe ein uninteressantes Leben, ein kleines Leben. Von mir hätte ich nichts zu berichten. Weder verfalle ich in Abgründe noch ins Phantastische. Mein Prinzip ist ein anderes: ein Realismus, der lediglich durch eine auf die Spitze getriebene Präzision und Rationalität zum Phantastischen gelangt. Mein eigenes Leben ist nüchtern und, wie Sie ja sehen, im Äußeren eher bemessen. Als Mitterrand sich zum ersten Mal zum Essen ansagte, war ich erschrocken – es gab weder Gläser noch Teller, noch Servietten im Haus.

FJR: Gut, à la Picassos Wahlspruch «Ich lebe wie ein armer Mann, der ganz viel Geld hat». Auch seelisch bemessen? Sie haben mir vorhin das – nach Jahren aufgenommene – Photo eines Menschen gezeigt, der Ihnen einmal viel bedeutet hat, und gesagt: «Ich verließ den jungen Rimbaud und traf die alte Simone Signoret wieder.» Kein Schmerz?

Tournier: Normalität. Ich bin ein Normalitätsfanatiker. Deshalb vielleicht mein leidenschaftliches Interesse an den – un-normalen – deutschen Zuständen.

FJR: Nehmen Sie auf die Einfluß? Erheben Sie als Korrespondierendes Mitglied der DDR-Akademie der Künste Ihre Stimme, wenn Ihren Kollegen dort Unrecht geschieht? Da ein Publikations-, dort ein Ausreiseverbot? Oder sind Sie in Ostberlin als Lenins «nützlicher Idiot» zu Gast?

Tournier: Ich sage, was ich will. Daß in der Volksdemokratie DDR weder das Volk noch die Demokratie herrscht. Und geschähe krasses Unrecht, bliebe ich weg. Aber die Wurzeln liegen ja nicht in der DDR. Das Übel im Nachkriegsdeutschland heißt Adenauer. Er ist nach Hitler die zweite deutsche Katastrophe. Er hat die Teilung gewollt, zementiert. Er hat Stalins Angebot zur deutschen Einheit, zu freien Wahlen unter den Tisch gefegt.

FJR: Womit doch vor allem Franzosen – und nicht nur Franzosen – heute sehr zufrieden sind?

Tournier: Ich bin der einzige Franzose, der von Deutschland wirklich etwas versteht. Und ich bin emphatischer Anhänger der Wiedervereinigung: keine Waffen, keine Armee, aber *ein* Deutschland.

FJR: Ein von allen Nachbarn mißtrauisch beäugter Traum...

Tournier: Wie alle Träume vielleicht nicht realistisch, aber wünschenswert. Lächerlich – die Angst vor zu großer Wirtschaftskraft; sollen sich die anderen doch Mühe geben. Lächerlich – die Angst, nach dem Muster der unterlaufenen Versailler Bestimmungen würde doch wieder eine angriffslüsterne Armee im wiedervereinigten Deutschland entstehen. Dann würde eben einmarschiert. Sofort. Aber daß ihr Deutschen euch das gefallen laßt, sie immer und immer wieder akklamierend interpretiert, diese «Zwei-Staaten-Theorie»: inakzeptabel.

FJR: Ich durchbreche die Regeln des Anstands und nehme mir das letzte Wort: Schade, daß Sie nicht doch Berater von Präsident Mitterrand sind.

«Ein glückliches Leben in der Hölle»

Gespräch mit Oto Bihalji-Merin

FJR: Vor mir sitzt ein Mensch, fast so alt wie das Jahrhundert. Ich möchte eingangs eine Doppelfrage stellen: Welches war in Ihrem kurvenreichen, schwierigen Leben das wichtigste Ereignis – falls Sie so heute eine Summe ziehen können – und, zweiter Teil der Doppelfrage, welches war die wichtigste intellektuelle, politische, moralische Begegnung; das, was man *maître penseur*, Vorbild, nennt?

Oto Bihalji-Merin: Zu verschiedenen Zeiten war mir verschiedenes wichtig, und es zeigte sich, daß das Allerwichtigste dann später etwas weniger wichtig und etwas anderes wichtiger war. Eines der wichtigen Ereignisse, sehr früh schon, war das Erschrecken über das Endliche des Daseins. Es war der Tod im Haus einer Zigeunerfamilie in der Nachbarschaft. Als ich zum Fenster hineinsah, um meine Spielkameraden zu rufen, erblickte ich den blassen Vater im Bett und fremde Menschen, die das Haus ausraubten. Der Tod und die Habsucht erschreckten mich, erschrekken mich bis heute. Ich gebe Ihnen jetzt vorab eine Antwort auf eine Frage, die Sie vielleicht später stellen: Ich liebe – dennoch – die Menschen. Ich bin ein fröhlicher Pessimist.

FJR: Auch der Kämpfer? Lese ich falsch, wenn ich in Ihren Arbeiten zwei sich widersprechende Energien spüre: den Kämpfer und gleichzeitig ein Element des großen Vergebens? Etwa in Ihren Studien über Goya?

Bihalji: Sie beginnen mit dem Schwierigsten. Ich muß da weit zurückgehen. Man hätte natürlich auch in der Höhle bleiben können, es waren schöne Bilder in der Höhle. Man mußte sehr gut malen, damit die Götter zuschauen. Aber der Mensch hat die Höhle verlassen, hat sich etwas gebaut. Und was immer er sich gebaut hat, es wurde zerstört, und was immer zerstört wurde, es war die Grundlage für weiteres Bauen. Gewiß ist die Evolution etwas Schlimmes, sie hat die Kraft, zu vernichten, aber sie vernichtet, um Wege zu ebnen. Gewiß kann Ihnen jemand sagen, zum Schluß ist alles vergeblich und alles schlecht, aber er muß sehr satt sein, er muß in großer Sicherheit leben, wenn er sagen kann, was vergeblich ist. Mit allem, was er erlebt, kann er ja nur das erfahren, was geschaffen worden ist. Hätte man nichts erschaffen, hätte man in der Höhle bleiben sollen? Ist das vergeblich, was geschaffen worden ist? Kein denkender Mensch kann sagen, es ist überflüssig, ein Leben zu erleben. Verharren, weil am Ende der Tod steht, ist das Allertödlichste, was es gibt. Weil der Tod dort steht und wartet, muß mein Leben intensiver werden, besser werden, wertvoller werden, menschlicher werden. Und ich weiß dennoch, daß das Ende im Anfang schon einbegriffen ist. Wenn ich noch einmal leben müßte, würde ich fast den gleichen Weg gehen, kaum kleine Korrekturen machen, nur meine eigenen Dummheiten würde ich vielleicht nicht wiederholen. Aber ich habe dieses Jahrhundert der Schrecken erlebt, das Grauen, zwei Kriege, Faschismus, Unmenschlichkeit: Ich habe trotzdem in dieser Hölle nicht ohne Glück gelebt. Ich habe das, was das Leben geben kann, gespürt. Auf einer bestimmten Linie meiner Lebensperspektive bin ich weitergegangen, ich bin mir selbst und meinen Ideen treu geblieben. In der Grundlinie habe ich nichts zu ändern. Sie werden mich fragen, was ist diese Grundlinie.

FJR: Ja, das will ich. Ich will sogar die Kurve enger ziehen. Ich frage ja auch jemanden, der sein erwachsenes, denkendes Leben lang Kommunist gewesen ist, vielleicht jetzt immer noch ist. Diese Kraft, dieser Kampf, dieser Optimismus, das große Dennoch, das war ja auch politisch. Kommunistisch zu sein von Mitte der zwanziger Jahre bis zum Ende dieses Jahrhunderts: Nistet da kein Vergebens? Was der junge Biha für Kommunismus hielt, an das er glaubte, hoffte, wofür er kämpfte, hat sich ja mindestens als Irrtum, eher noch als Schrecken, Gewalt und Vergewaltigung herausgestellt. Was sagt der Denker, der Malerinterpret, der Schriftsteller, der große Essayist, aber eben auch der Kommunist Biha angesichts des möglichen Vergebens des politischen Handelns?

Bihalji: Mein Sozialismus ist eine uralte Menschheitsidee. Ich will nicht sagen, daß sie identisch ist mit der Bergpredigt Christi, aber sie hat viel Verwandtschaft damit. Ich habe mir von meinen Ideen der Jugend bewahrt, daß es ungerecht ist, wenn einer neben mir hungrig ist und ich mich satt esse. Ich habe mich nicht satt gegessen. Ich bin Sozialist geworden, nicht durch Bücher, sondern durch die Begegnung mit dem wirklichen Leben; die Bücher haben geholfen.

FJR: Als Sie, der Sohn des Malermeisters aus dem österreichisch-ungarischen Semlin, 1924 nach Berlin gekommen sind, waren Sie noch ein sehr junger Mann, mit dem Parteibuch der inzwischen verbotenen Kommunistischen Partei Jugoslawiens. Ein Kopfgepäck, ein Herzensgepäck. Ihre schnelle Karriere in Berlin, war das noch die Zeit völliger Ungebrochenheit des kommunistischen Parteimitglieds?

Bihalji: Ich würde es nicht Karriere nennen, denn alles, was Karriere genannt wird, hat etwas zu tun mit Geschäft oder mit Geld. Ich habe nichts verdient, ich habe keine Posten gehabt, die bezahlt wurden, niemals. Ich hätte es auch nie gewollt. Auch in den späteren Jahren, als ich bekannt wurde, einen Namen hatte und man mich brauchte, habe ich nie eine Funktion akzeptiert, die über das hinausgeht, was ein Schriftsteller eben tut. Praktisch bin ich sehr rasch von einer Gruppe linker Leute aufgenommen worden, z. B. von Gerhart Pohl in seiner *Bücherschau*, dann dem Kreis der *Linkskurve*. Nach zwei oder drei Nummern hat mir Johannes R. Becher die Redaktion angeboten, nicht offiziell, nicht namentlich, da ich ja Ausländer war.

FJR: Heute würde man sagen, Sie waren Chefredakteur. Wie kommt ein junger Emigrant oder Zuwanderer so schnell in eine Gruppe, die immerhin aus Wittfogel, Johannes R. Becher, Georg Lukács, Andor Gabor, Anna Seghers bestand?

Bihalji: Ich bin selber erstaunt. Ich kam in die Fremde, wo ich niemanden kannte. Ich hatte nur etwas erspartes Geld – ich war Firmenschildmaler und Anstreicher gewesen, habe in Belgrad manches Haus gestrichen – und noch etwas besaß ich. Ich erinnere mich genau, wie der damalige Sekretär der Partei, Rade Vujović, ein Lehrer und Freund, mir das Mitgliedsbuch aushändigte und ich es in meinen Mantel einnähte. Und wie ich es Rex Löwenthal, dem Sekretär des Kommunistischen Studentenbundes in Berlin, übergab. Vujović wurde später im Land seiner Hoffnung liquidiert, Löwenthal ist heute ein führender Theoretiker der SPD. Ich bekam Aufträge, Vorträge zu halten, und kam in Verbindung mit dem Bund Proletarisch-Revolutionärer Schriftsteller. Diese Offenheit und Aufnahmebereitschaft ist heute vielleicht schwer vorstellbar. Für uns war auch dies ein Lebenszug des Sozialismus.

FJR: Waren Sie Mitglied? Gründungsmitglied?

Bihalji: Mitglied ja. Gründungsmitglied nein. Ich war aber in einer der frühesten Sitzungen; die war denkwürdig, weil wir über Anna Seghers sprachen, sie hatte gerade den Kleist-Preis bekommen. Man warf ihr vor, daß ihr «Aufstand der Fischer von Santa Barbara» siegte, ein spontaner Streik, ohne proletarische Organisation und gewerkschaftlichen Beschluß. Zögernd und bescheiden versprach sie, den Fehler künftig zu bedenken. Das nächste Mal würde die Rolle der Gewerkschaften berücksichtigt werden, die Partei werde zufrieden sein. Ich glaubte zuerst, leisen Spott herauszuhören, aber sie sprach ohne Ironie. So hat sie ihr tapferes Leben gelebt. Eine große, wunderbare Dichterin, eine schöne Frau. Ich war ein bißchen verliebt in sie mit ihren chinesischen Augen, diesem feinen Lächeln und dem grauen Haar im jungen Gesicht.

FJR: Meine nächste Frage, die ein Einwand ist. Die kleine Geschichte von Anna Seghers, ihrem unheilvollen Sich-Öffnen einem parteipolitischen Reglement: Das ist doch entsetzlich? Vieles, was auch Sie damals geschrieben haben, war ja zum Teil, verzeihen Sie das harte Wort: töricht. Wie vieles von Lukács, von Becher: die ganze Gruppe im Bund Proletarisch-Revolutionärer Schriftsteller und deren Organ *Linkskurve*. Ihr Angriff auf Döblin etwa: ganz falsch. Nun möchte ich gerne wissen: Wie lange bleibt man bei diesem glatten Falschen und wann fängt Zweifel an, sich in die eigene Arbeit einzunisten, in diese unter Parteidirektiven geleistete Arbeit?

Bihalji: Wir brauchten keine Direktiven, wir dachten, es sei ein notwendiges, ein moralisches Amt, diese Welt zu verändern. Ich sage «wir», weil es viele waren. Ich habe schon damals Brecht und Proust geliebt. Und nicht daran geglaubt, daß die proletarisch-revolutionäre Literatur Bestand haben würde. Ich betrachtete die BPRS-Autoren als Formation im politischen Kampf, und das waren sie auch. Viele von ihnen kämpften später in der Illegalität und fielen in diesem Kampf.

FJR: Ich erweitere meine Frage um Brecht. Aber sie zielt in erster Linie auf Sie: Sie haben zwar keine «Maßnahme» geschrieben, aber sich auch unterworfen. Wann haben Sie angefangen, in Frage zu stellen?

Bihalji: Die Idee des Sozialismus habe ich nie in Frage gestellt, sehr wohl jedoch die dogmatische Enge der Partei und die relativ geringen Erfolge bei der Umwandlung der Utopie zur Wissenschaft und der Wissenschaft in praktisches Leben. Als Redakteur und später als Sekretär des Bundes war ich eingeladen zu Sitzungen der RAPP nach Moskau. Damals habe ich Moleküle, erst kleine Stücke, kleine Steinchen eines Mosaikbildes, das sich langsam vergrößerte, gesehen, Dinge erlebt, die mir vieles fragwürdig machten. Ich war in meiner Art ein Gläubiger, und nun begann das zu bröckeln.

FJR: Aber ging dieser innere Kampf nicht sehr lange? Ein Leben lang? Sie nennen es einmal sehr schön «das Doppelte».

Bihalji: Ich antworte, indem ich auf «Die Maßnahme» zurückkomme. Ich war der erste Kommunist, der über das Stück geschrieben hat. Ich habe «Die Maßnahme» kritisiert und gelobt. Das würde ich auch heute tun. Es ist eines der schönsten und interessantesten Stücke, die ich je gesehen habe.

FJR: Sie waren bei der Uraufführung?

Bihalji: Bei der Uraufführung. Mit einer für damalige kommunistische Ohren sehr modernen Musik, die Trambahner gesungen haben, 230 oder mehr. Aber gerade wegen seiner Widersprüche: Das Stück ist wunderbar, eine von Brechts besten Sachen und zugleich die schrecklichste.

FJR: Nun sind wir bei einem sehr heiklen Thema. Ich bleib mal bei Ihrer schönen Formulierung «das Doppelte». Dieses Doppelte, auch das Doppelte der Moral, hat Sie doch in Wahrheit auch verfolgt. Ob während der Emigration, ob in Paris, ob im Spanienkrieg; Ihr Spanienbuch ist ja das einzige nicht-linientreue, das den von Sowjetkommissaren verfolgten Anarchisten Gerechtigkeit widerfahren läßt. Wie trägt man ein Leben lang «das Doppelte»? Es gibt Leute, vor denen ich Respekt habe, die eines Tages gesagt haben: «Ich kann es nicht mehr tragen.» Sei das jetzt Koestler, sei das Manès Sperber, von mir aus eher sehr früh André Gide oder sehr spät Münzenberg. Die wurden denunziert, verurteilt, wo man heute, mit Abstand von Zeit sagt, sie haben früh ganz entscheidende Risse erkannt. Wie lebt nun jemand, der sagt: «Ich habe aber diesen Kampf weitergekämpft, obwohl ich ‹das Doppelte› gesehen habe»?

Bihalji: Ihre Frage ist gerechtfertigt. Das Doppelte ist meine Verbundenheit mit der Oktoberrevolution, dem Aufbauversuch des Sozialismus in den zurückgebliebenen Großräumen der Sowjetunion und meine Ablehnung der Praktiken Stalins. So habe ich versucht, zu leben und zu schreiben. Zum Doppelten gehört auch, daß ich Hitler für den Hauptfeind der Menschheit im 20. Jahrhundert hielt und mich der von ihm verachteten Kultur und Kunst, mit der ich aufwuchs, verbunden fühlte. Ich habe, wenn von Rassenhaß, von Massenterror und Kulturfeindlichkeit die Rede war, nie Deutschland gesagt.

FJR: Ich beharre einen Moment. Welcher Schmerz war das im antifaschistischen Widerstandskampf – sei es in Paris, sei es in Spanien –, wo Stalins Leute Sie, euch verraten haben? Wie trägt man das? Ich möchte wissen: Gab es da einen Schmerz, einen Riß?

Bihalji: Ich will mich hier nicht rechtfertigen. Aber wenn hier hinter uns im Regal ein Buch «50 Jahre Spanien» steht, das García Lorca, Picasso und mir gewidmet ist – sagt das nicht auch etwas?

FJR: Ja, deswegen insistiere ich so. Ich kenne ja Ihr Buch, und ich weiß, daß Sie dort etwas formuliert haben, was kaum ein anderer formuliert hat... Zurück aus dem verlorenen, spanischen Freiheitskrieg, sitzt jemand in Zürich, will auf seine Weise und mit seinen Mitteln als Schriftsteller weiter am antifaschistischen Kampf teilnehmen. Aber im Herzen nistet doch eine schwarze Spinne? Diese Erfahrung aus Spanien? Was geht im Kopf vor?

Bihalji: Ja, nistet. Aber nicht so, daß ich mich hinsetze und ein Buch schreibe, das alle Feinde des Kommunismus erfreut, das vorgeführt und mit Gold aufgewogen wird, sondern ein Buch, das meine Wahrheiten enthält. Ich war entschlossen, trotz allem durchzuhalten, bis irgendwo überhaupt ein Sozialismus erkennbar wird. Das alles zusammen ist noch kein Kommunismus, das sind Vorstufen, aber am schlechten Ort in schlechter Zeit.

FJR: Sie sagen «trotzdem». Lassen wir mal Stalin beiseite. Er war nicht nur eine Person – Stalin –, das wäre gleichsam ein negativer Personenkult; es war doch ein System vergiftet. Sie sagen immer: «Ich glaube an einen möglichen Sozialismus, er ist nur begonnen worden im falschen Land und zur falschen Zeit.» Was rechtfertigt eigentlich diesen Glauben, wenn man sieht, daß bisher fast alle sozialistischen oder kommunistischen Experimente in der Realität schiefgegangen sind, von Kuba bis China, von Nicaragua bis zu allen europäischen Volksdemokratien? Woher nehmen Sie die Überzeugung von einer hehren, guten Sache, die leider bisher nur falsch praktiziert worden ist?

Bihalji: Marx hat geirrt. Er hat gesagt, dort wird der Sozialismus beginnen, wo der Kapitalismus am weitesten entwickelt ist. Er war ein glänzender Analytiker, aber ein schlechter Prophet. An der stärksten Stelle des Kapitalismus ist der Faschismus entstanden, und an der schwächsten Stelle ist die Arbeiterklasse durchgebrochen und hat Sozialismus versucht. Erreicht hat sie ihn bisher nicht. Ich bin ein bewußter Sozialist, und ich verteidige meinen Versuch, nicht wegzugehen, sondern dazubleiben und zu versuchen, den wahren Inhalt sichtbar zu machen.

FJR: Was ist denn der «wahre Inhalt», wenn er bisher nie in der Realität durchgeschienen ist? Wie war das für jemanden, 1935, 1940, 1941/42 – ein weltweit siegender Faschismus: Mußte ein Kommunist, Sozialist nicht sehen, daß die Fehler nicht nur im großen übermächtigen Feind Hitler-Faschismus, Hitler, stecken, sondern auch im eigenen System? Daß sozusagen das Uhrwerk kaputt ist, das Uhrwerk, die Unruhe, woran man geglaubt hat und wofür man gekämpft hat? Gibt es da – verzeihen Sie den etwas aggressiven Plural – bei Ihnen allen nicht auch ein Element von Lebenslüge?

Bihalji: Die Loslösung von Glaubenssätzen und Illusionen ist immer ein langsamer und schmerzlicher Prozeß. Aber in den Jahren des Faschismus – im Exil, in Spanien, in Krieg und Gefangenschaft stand ein anderer Kampf auf der Tagesordnung. Er mußte geführt werden, trotz allem. Auch diese Sowjetunion, wie sie war, mußte gegen die Hitler-Truppen verteidigt werden. Es gab keine Alternativen. Wo wäre denn Europa heute, wenn Hitler gesiegt hätte? Ich schreibe jetzt an der Chronik meines Lebens, und sie soll in meinen Grenzen und Möglichkeiten wahr sein. Aber noch immer bin ich der Überzeugung, daß die Menschheit, wenn sie bestehen will, ihre gesellschaftlichen Konstruktionen ändern muß. Dabei gebe ich zu: Es ist alogisch, was heute geschieht. Nur ein Surrealist hätte die Phantasie, das aufzuschreiben, was alles gleichzeitig passiert, von Khomeini bis zu diesem Provinzschauspieler, der den Präsidenten der Welt spielt. Zu den Grotesken gehört auch, daß der Stalinsche Terror unter der Firma des Sozialismus lief und alles tötete, was an Lenin erinnerte.

FJR: Aber wenn jemand das aufschreibt, das Grausen, das Terroristische, das Groteske – zum Beispiel Koestler in «Sonnenfinsternis» –, dann sprechen Sie von «in Gold aufwiegen».

Bihalji: Der Kreis, zu dem ich gehörte, wir alle hatten damals das Gefühl, daß dies ein Verrat ist. Schließlich wurde er als Kronzeuge gegen den Kommunismus benutzt.

FJR: Sie haben es als Verrat empfunden?

Bihalji: Ja, vielleicht ein zu starkes Wort.

FJR: Das würden Sie nicht mehr sagen?

Bihalji: Nein, ich sehe ihn oder Manès Sperber – beide habe ich ja damals nach Paris gerufen – heute anders.

FJR: Sie haben vorhin, als das Tonband nicht lief, auf meine Eingangsfrage nach einem geistigen Vorbild Sartre genannt. Auch Sartre war ein vehementer Kritiker des Stalin-Kommunismus, dennoch kein Antikommunist. Warum ist Ihnen Sartre so wichtig?

Bihalji: Das Wichtigste in der alltäglichen Analyse der sich wandelnden Weltpolitik, in der geistigen Unabhängigkeit des Urteils. Er hat den dialektischen Weg gewählt, nicht Dinge schwarz und weiß zu sehen oder etwas heute für die Ewigkeit zu reklamieren. Jede Sache, auch was Marx gesagt hat, oder was Lenin gesagt hat, oder was wer immer gesagt hat, auch was Sartre gesagt hat, muß man nach einigen Jahren neu anschauen und es neu überprüfen. Das habe ich von ihm gelernt.

FJR: Was Sie über Sartre gesagt haben – man kann es Zickzack nennen, man kann es einen ständigen Revisionsprozeß nennen –, kann man ja zu einigen wichtigen deutschen Schriftstellern auch sagen. Nehmen wir mal drei: Brecht, Johannes R. Becher oder Stephan Hermlin. Sie haben immerhin noch bis weit in die fünfziger Jahre hinein Stalin-Gedichte geschrieben.

Bihalji: Leider hat auch Anna Seghers, keine Gedichte, aber Hymnisches über Stalin geschrieben. Wichtiger – sie hat auch die Denkstruktur übernommen. Was diese bedeutende Dichterin sehr herabgesetzt hat. Brecht nicht. Brecht ist ein großer Dichter geblieben, auch mit seinen Verirrungen.

FJR: Meinen Sie nicht, daß diese Art, sich zum Hymnus zu beugen, auch den Leib der Literatur verbiegt?

Bihalji: Ja. Ich glaube, daß auch Brecht Fehler begangen hat, dennoch ist der ein großer Dichter geblieben. Gestatten Sie mir eine Anekdote. Als ich Thomas Mann fragte: Gibt es jemanden, den Sie für einen so großen Schriftsteller halten wie sich, hat er mich angeschaut, sehr zweifelnd, hat leise «Brecht?» gefragt und dann gesagt: «Gide». Er hat nicht gefragt: «Wieso bin ich der größte, es gibt ja noch andere.» Er war überzeugt, daß er der größte ist. Und danach haben wir ein interessantes Gespräch über Joyce gehabt, aber das gehört nicht hierher.

FJR: Doch, gehört hierher. Ich hätte Sie sowieso nach Thomas Mann gefragt. Hat er Joyce wirklich wahrgenommen?

Bihalji: Er hielt ihn für ganz wichtig. Er sagte wörtlich: «Ich bin Joyce, das bemerkt ihr nur nicht. Nur, ich bin keiner, der seine Werkstätten nach draußen kehrt. Der macht sie durchsichtig. Ich habe das nicht nach draußen getragen. Ich habe ihn gelesen, und ich bejahe ihn. Und ich bin in vielem Joyce.» Ich kann beschwören, daß er das gesagt hat.

FJR: Aufgewachsen in Jugoslawien, studiert in Berlin, emigriert nach Paris, gekämpft in Spanien, Exil in der Schweiz: Haben Sie eigentlich nie darüber nachgedacht, wieder in Deutschland zu leben nach dem Krieg? In der DDR, was ja nahegelegen hätte?

Bihalji: Ohne Hitler hätte ich Deutschland vielleicht nie verlassen. Aber nach vier Jahren Kriegsgefangenschaft – wir hatten eine illegale Organisation in mehreren Lagern aufgebaut und besaßen sogar Waffen, um uns an einem Aufstand deutscher Arbeiter gegen Hitler zu beteiligen – schien es mir natürlich, mit den Kameraden dieser Jahre in mein Land zurückzukehren. Das war sicher mein Glück, denn nach dem Bruch mit Moskau begann Jugoslawien seinen eigenen Weg zu gehen und sich vom Stalinismus zu lösen. Das hat mir Konflikte erspart, wie sie mich in Prag, Budapest oder selbst Berlin erwartet hätten.

Von den achtzig Jahren meines Lebens arbeite ich jetzt vierzig Jahre hier, und meine Bücher erscheinen von Tokyo bis New York in vielen Ländern, ohne daß ich jemals jemand um Erlaubnis hätte fragen müssen. Ein offizielles Amt habe ich auch hier nie angenommen, ich wollte mich als Schriftsteller verwirklichen.

FJR: War das der Moment bei Ihnen, daß Sie sich in die Formsprache der bildenden Kunst mehr hineingelebt haben als in die Theoriediskussion?

Bihalji: Nein. Ich habe in späteren Jahren zwar mehr über Kunst als über Literatur geschrieben, bin aber der Theoriediskussion nie ausgewichen. Ich habe schon 1928 über Picasso geschrieben, der damals ein Anathema war. Und ich habe ein Jahrzehnt später ein Buch zur Verteidigung der in Deutschland verfolgten modernen deutschen Kunst veröffentlicht.

FJR: Sie haben die ganzen Jahre mit, heute würde man sagen, experimenteller oder avantgardistischer Kunst verbracht, obwohl avantgardistische Kunst im sozialistischen Kanon nicht vorhanden war: wieder eine Doppelung. Sie haben Faulkner spät besucht, aber Sie haben Faulkner früh gelesen.

Bihalji: Ich habe Faulkner nicht nur gelesen, sondern ihn in diesem Lande nach 1948 durchgesetzt, ebenso wie Kafka, Joyce, Brecht und Thomas Mann. Und ich habe in meinen Büchern die Folgen dargestellt, die die Begegnung mit Wissenschaft und Technik für die Kunst im 20. Jahrhundert hatte. Alles Versuche eines Marxisten, ein dogmatisch verengtes Weltbild zu erweitern. Picasso hat mir gesagt: «Es sind Kinder in der Sowjetunion, sie verstehen noch nichts. Ich muß so malen, wie ich male. Ich bin für die Sowjetunion, aber ihre Kunst ist überhaupt nichts wert, ist überhaupt keine Kunst.»

FJR: Aber hat er das je öffentlich gesagt?

Bihalji: Allen, die es hören wollten: «Was sie malen, ist nicht nur schlecht, es ist Photographie. Dort gibt es für die Kunst noch keine Freiheit.»

FJR: Dasselbe Thema. Das merkwürdige ist, daß jemand mit hoher Differenziertheit und hoher Sensibilität Kunst eigentlich zum Teil seines Lebens gemacht hat, vielleicht zum wichtigsten Teil seines Lebens, lange Jahrzehnte hindurch. Gleichzeitig, das Wort von Picasso paraphrasierend, sieht, daß dort, in dem von ihm erwünschten, erhofften, herbeigeglaubten Teil der Welt, Kunst eigentlich gar nicht vorhanden ist. Für lange, lange Jahre, sei es in der Malerei, sei es in der Literatur; selbst wenn es kleine avantgardistische Explosiönchen gab, wurden sie vernichtet, die Autoren selber, Mandelstam oder wen Sie wollen, vernichtet, aber vor allem deren Kunst wurde mit einer großen Bürste kaputtgestriegelt. Nach Majakowski war nichts mehr, sage ich jetzt mal. Picasso war ein weltberühmter Mann, konnte sich darüber hinwegsetzen und ein bißchen lächeln und sagen, das sind Kinder und ich male, wie ich weiter male.

Bihalji: Das ist nicht die rechte Antwort. Sie vergessen das Wörtchen «noch». Picasso hat das etwas anders gesagt. Er hat das so gesagt, wie ich es auch gesagt habe. Mit der Kunst – das war schade, sehr schade.

FJR: «Sehr schade» finde ich ein bißchen zu schwach. So, als sei Kunst Zierat, hinterher noch das Schöne am Leben. Für mich hat Kunst eine andere Funktion, ist Ausdruck von Größe, von Hoffnung, von Liebe, von Freiheit. Wenn die Kunst da nicht ist, dann ist es nicht nur ein bißchen schade, dann fehlt doch etwas im System.

Bihalji: Als ich «schade» sagte, haben Sie mich unterbrochen. Ich hätte auch «traurig» sagen können. Ich wollte sagen, daß Rußland doch schon eine Avantgarde der Moderne hatte: Kandinsky, Malewitsch, Lissitzky, Tatlin, Archipenko, Chagall.

FJR: Nun kommt das Einzigartige: daß das, was ihr alle mindestens verachtet, wenn nicht gar bekämpft habt, nämlich der Kapitalismus, immer noch die Schönheit produzieren konnte. Wie sonderbar, daß in der Welt, die ihr erträumt habt, für die ihr gelitten habt, für die ihr gekämpft habt, an die ihr große Hoffnungen angemeldet habt, daß die keine Kunst, sage ich mal grob und pauschal, produziert hat, während die andere Welt, die ihr bekämpft habt, Schönheit, ob in der Musik, ob in der Malerei, ob in der Dichtung, hervorgebracht hat.

Bihalji: Der Kapitalismus produziert ebensowenig Kunst wie der Sozialismus. Kunst entstand in allen Zeiten und Systemen. Und nicht die Pharaonen, Päpste und Bankiers haben sie geschaffen, sondern Revolutionäre des Geistes, oft im Kampf mit der Macht. Aber wohin geht die Entwicklung jetzt, an der Schwelle zum 21. Jahrhundert? Die Krise, die das Atomzeitalter ausgelöst hat, ist unübersehbar. Die Kunst wird nie aufhören, aber diese Kunst ist ausgeleert, ist zu Ende.

FJR: Entschuldigen Sie, Einwand und Widerspruch. Sie bezogen das vielleicht jetzt auf die letzten paar Jahre. Kapitalismus gibt es ja nicht erst seit 1970. Das 20. Jahrhundert ist Hochzeit des Kapitalismus. In dieser Hochzeit gibt es alles, ob nun Matisse oder Giacometti; nehmen Sie, wen Sie wollen. Keineswegs haben sich alle Großen der Moderne auf das Malewitsch-Quadrat zurückgezogen oder auf abstrakte Formensprache, sondern sie sind auch gegenständlich gewesen, von Beckmann bis Bacon, und haben aus diesem attackierten, denunzierten Kapitalismus Schönheit gemünzt. Das ist der Widerspruch, und darauf will ich eine Antwort.

Bihalji: Er muß gemäßigt werden, der Widerspruch. Wenn ich aufrichtig bleiben will in diesem Gespräch, muß ich sagen, der Spät-Kapitalismus hat eine wunderbare Kunst oder wahre Kunst, weil sie das Gefühl des Vergänglichen in sich birgt.

FJR: Würden Sie sagen, daß es eine Kunst des Abgesanges ist, daß sie eigentlich Tod mitgemalt haben?

Bihalji: Ja, ich glaube, daß es das ist. Beckmann ist auch Weltende. Er ist ein ganz großer Maler, ich schätze Beckmann ungeheuer. Ich erinnere, wie er uns im Züricher Exil besuchte, wir mußten Geld pumpen, um ihn zum Essen einladen zu können – und er sich über die Bewunderung eines Kommunisten wunderte. Es war ein schönes Leben in dieser Hölle. Ich war damals ein Kommunist und bin es heute noch, nur gibt es noch keinen Kommunismus.

FJR: Ist der Kommunismus Heimat-Ersatz für Oto Bihalji-Merin?

Ist der nun Jugoslawe oder Deutscher? Sie haben mir einmal gesagt: «Ich bin in der Welt zu Hause, in keiner Nation.» Aber Sie sind doch im Kopf, in Ihrer Denktradition, in Ihrer Kulturtradition Deutscher?

Bihalji: Ja. Meine Kultur ist eine Weltkultur, aber sie ist deutsch fundiert.

FJR: Sie schreiben Deutsch?

Bihalji: Ich schreibe in beiden Sprachen.

FJR: Würden Sie sagen, daß die wichtigeren, komplizierteren Texte in Deutsch geschrieben sind?

Bihalji: Ja. Aber wir verrennen uns jetzt in Nebensächliches. Ich will noch einmal auf Ihr schmerzendes Wort von der Lebenslüge zurückkommen. Ich bin inzwischen ein vereinsamter Mann, alle meine Weggefährten sind tot. Dieses Gespräch mit Ihnen ist fast mein Testament, und ich möchte da präzise sein. Will klarmachen, daß die Idee des Sozialismus die einzige ist, die für mich in Frage kommt. Ich finde die kapitalistische Welt reif, sich aufzulösen und in eine höhere Gesellschaftsordnung einzugehen. Also, ich will sie ändern, diese Welt; mit Demokratie und mit Humanismus, ohne Dogma, ohne Terror und ohne Lager. Das ist mein Programm des Sozialismus. Sie haben mir einen Widerspruch suggeriert – und ich sage Ihnen: Da ist kein Widerspruch.

FJR: Sie sprechen jetzt, als säße vor Ihnen ein Ankläger oder Richter.

Bihalji: Nein, aber Sie haben mich in die Situation gebracht...

FJR: ... Sie meinen, in die Enge getrieben?

Bihalji: ... Daß ich fragwürdig aussehe... Aber mein Weg, im Ganzen und in der Richtung, war der richtige. Schreiben Sie Ihre Wahrheiten, aber versuchen Sie, meine Wahrheiten nicht umzudeuten. Ich bin weder eine Renegat noch ein Unbelehrbarer. Ich mag für Sie ein Verirrter sein, aber mein Leben ist dadurch ein lebendiges und ein fruchtbares, ein gut zu Ende geführtes Leben.

Ich bin jetzt sozusagen beim letzten Schritt, und ich werde ruhig aus diesem Leben weggehen. Und ich wollte Ihnen nur sagen, ich mußte mein Leben so leben, wie es war, und es beenden, wie es ist. Sie sind ein großartiger, denkender, ehrlicher Mensch. Aber Sie dürfen mir auch meine Ehrlichkeit glauben.

FJR: Das tue ich. Ich sitze doch hier, weil Sie fast der letzte Zeitzeuge für uns alle und vor allem für eine jüngere Generation sind, der diese Gewissenskonflikte schildern kann. Ich sitze ja hier nicht als Kläger, Richter, gar Ankläger, sondern als eine Art Historiker, Ethnologe. Ich will fragen: Wo gingen Risse durch eine Person, viele Personen?
Ich will wissen, wie es war.

Bihalji: Aber es ist eine Projektion, die Sie versucht haben. Ich gehöre in diese Projektion nicht hinein.
Ich bin müde, lassen Sie mich deshalb zum Schluß zwei Dinge sagen. Auf die Frage Jüngerer «Wie war es?» antworte ich: «Ich habe in dieser Hölle ein schönes Leben geführt – erfüllt, voller Arbeit und geborgen in einer währenden Liebe.» Aber: es ist kein weißes Glück. Und keine weiße Aufklärung. Meine Aufklärung ist eine schwarze Aufklärung – die Goyasche. Das ist der Pessimist im Optimisten. Der Hintergrund ist das Ende. Wer diesen schwarzen Hintergrund nicht hat, der macht es sich zu leicht. Der macht sich etwas weiß.

«Ich mag Brecht nicht, Benn ist mein Idol»

Gespräch mit Joseph Brodsky

FJR: Darf ich unser Gespräch mit einem indirekten Zitat beginnen? In einem Ihrer Essays definieren Sie «zwei Arten von Menschen und damit auch zwei Arten von Schriftstellern»: Der eine reproduziert Wirklichkeit bis in ihre winzigsten Einzelheiten, die Polster der Möbel, den Duft eines Zimmers – gemeint ist wohl die Kunst etwa Prousts...

Joseph Brodsky: ... eher die Tolstojs...

FJR: Der andere – Teil einer «Minderheit», schrieben Sie – gönnt einem nicht viele Details; dafür beschreibt er die Seelenzustände und -windungen seiner Personen. Ist Joseph Brodsky ein Angehöriger dieser Minderheit?

Brodsky: Nein, nicht wirklich. Ich wünschte, das wäre ein Selbstporträt – aber es ist «nur» das Portrait von Dostojewskij; ich bewundere ihn ungemein, er ist meinem Denken und Fühlen sehr nahe.

FJR: Dennoch: hinter dem übermächtigen Schatten Dostojewskijs – verbirgt sich da nicht heimlich der Autor Joseph Brodsky, der sich auch wünscht, «sein Buch zu schließen ist wie ein Aufwachen mit verändertem Gesicht»?

Brodsky: Unser Gespräch wird gleich zu Beginn sehr schwierig. Sie möchten mich festlegen – und ich kann mich nicht definieren. Das tue ich ja auf dem Papier; aber ich kann es nicht im Gespräch. Die Unterscheidung müßte ja da beginnen, daß ich beim Versuch, die von Ihnen zitierten Kategorien zu finden, von Prosa sprach. Ich schreibe aber keine Prosa. So könnte ich allenfalls sagen: Ich gehöre keiner der beiden «Arten» an.

FJR: Könnte es sein, daß hier die Ursache liegt für einen Widerspruch, eine Art Riß, der mir durch Ihr gesamtes Werk zu gehen scheint? Ich spreche nicht vom Unterschied Lyrik – Essay; ich spreche von Aufsässigkeit einerseits – Hoffnungslosigkeit andererseits.

Brodsky: Jetzt bin ich gespannt. Natürlich habe ich bestimmte Überzeugungen, Abneigungen, Vorlieben; aber Riß? *I fasten my seatbelt – go ahead: start.*

FJR: Im Essayistischen geht Ihre Aufsässigkeit bis an den Rand des Erbarmungslosen, beispielsweise das Urteil über Politiker, gleich welcher Couleur; das einzig Authentische an ihnen – sagen Sie – sei «das Fehlen von Einbildungskraft». Sie bescheinigen ihnen Machtlüsternheit, Korruptheit und privilegiengeile Anbiederung an vorher bewußt verblödete Massen: «Heute ist eine jede soziopolitische Einrichtung, sei es eine Demokratie oder ein autoritäres Regime, ein weiterer Schritt vom Geist des Individualismus hin zu einer Stampede der Massen.» Mir scheint da jemand zu sprechen, der ändern will.

Andererseits ist das innere Koordinatensystem der Lyrik Joseph Brodskys das Statische, die Vergeblichkeit, die Unveränderbarkeit des Menschen. Tod ist nicht zufällig Ihr häufigstes Thema.

Brodsky: Erster Einspruch. Er ist nicht «mein» Thema, sondern das eines jeden Menschen.

FJR: Gegen-Einspruch. Es gibt Autoren, die zwar wie Sie und ich wissen, daß sie sterben müssen – die das aber nicht in ihr Werk einschmelzen. Ich las soeben ein Interview mit dem französischen Dramatiker Bernard-Marie Koltès, in dem er auf die Frage «Beschäftigen Sie sich mit dem Tod?» antwortet: «Überhaupt nicht. Ich finde, das ist schrecklich banal.» Sie dagegen bezeichnen Tod nicht nur als «die allerletzte Beleidigung, die letzte Diebestat», sondern sehen ihn auch als Teil des Werks: «Gleich, woraus ein Kunstwerk besteht, es läuft auf das Finale zu.»

Brodsky: Sie haben mich erwischt. Das steht in meinem Aufsatz über Mandelstam, wo ich auch sage: «Gedichte schreiben ist eine Übung im Sterben»; übrigens auch, weil ein Kunstwerk immer darauf angelegt ist, seinen Schöpfer zu überdauern. Insofern mögen Sie recht haben – es ist mein Thema; aber nur, weil es unser aller Thema ist.

FJR: Ich wollte eigentlich auf etwas ganz anderes hinaus – genauer gesagt, mir über etwas anderes klarwerden; eben diesen Widerspruch. Darf ich es noch einmal versuchen: Im lyrischen Werk das Statische, Hoffnungslose. In den Essays das Ungebärdige. So klingen für mich viele Ihrer Verse an Gottfried Benn an: «Je mehr auf dem Blatt die Schwärze / die Weiße bedrängt, desto mehr / neigen wir zum Vergessen; zu Scherzen. / Die Zukunft ist ohnehin leer» oder «Das Leben – Hausiererware / Penis und Stirn und Rumpf». Das ist reiner Hoch-Benn.

Brodsky: Da ich nicht Deutsch spreche, kann ich nur die Musik hören, wenn Sie so was vorlesen – aber daß Sie eine Nähe zu Benn bei mir entdecken, ist für mich ein ganz großes Kompliment. Er ist mein Idol.

FJR: In welcher Sprache haben Sie Benn gelesen, wenn nicht deutsch?

Brodsky: Da er nicht ins Russische übersetzt ist, auf englisch.

FJR: Nun ist ja das Zentrum des Bennschen Denkens die Unveränderbarkeit des Menschen, die Sinnlosigkeit des Lebens, die entwicklungslose Ausweglosigkeit von Geschichte. Da Sie nun diesen Einfluß zugeben ...

Brodsky: Halt. Mir scheint das etwas zu dramatisch formuliert: Für mich ist jeder Mensch ein autonomes, wohl nur an den Rändern berührbares, erreichbares Wesen. Ganz vergebens ist nichts; aber ich leugne die Möglichkeit wesentlicher Eingriffe, grundsätzlicher Veränderungen.

FJR: Und leugnen sie eben wieder nicht. *Das* ist ja meine Frage.

Denn immer wieder sprechen Sie von der Wirkungsmöglichkeit der Literatur – mal nennen Sie sie den «bedeutsamsten Lehrer menschlichen Scharfsinns», mal sagen Sie: «Da es nicht viel gibt, worauf sich unsere Hoffnungen auf eine bessere Welt stützen können, da alles andere auf die eine oder andere Weise zu versagen scheint, müssen wir irgendwie daran festhalten, daß Literatur die einzige Form einer moralischen Vergewisserung darstellt, über die eine Gesellschaft verfügt; daß sie das ständige Gegengift gegen das Jeder-gegen-jeden-Prinzip bereithält; daß sie das beste Argument gegen jede bulldozerartige Massenlösung liefert – wenn überhaupt, weil menschliche Vielgestalt ebenso das ein und alles wie auch den Daseinsgrund der Literatur verkörpert.»

Brodsky: Ja, daran glaube ich. Für mich ist klar, daß nur die Literatur – kein Philosoph, kein Priester und schon überhaupt kein Politiker – die Menschen erziehen kann; politisch, moralisch, geistig. Die Literatur ist der bedeutsamste Lehrer menschlichen Scharfsinns. Eine Gesellschaft, die die Existenz von Literatur einschränkt oder auch nur die Fähigkeit des Menschen, die Lehren der Literatur aufzunehmen, beeinträchtigt, gefährdet ihren eigenen Zusammenhang.

FJR: Was nun wieder der Antipode Brecht gesagt haben könnte. Über den Sie geschrieben haben: «Brecht war kein großer Dichter.» Wieso nicht?

Brodsky: Ich mag Brecht nicht – nicht sein verschlagenes menschliches Verhalten; nicht seine üblen politischen Standpunkte; nicht seine didaktische Oberstudienratsästhetik.

FJR: Aber alles, was Sie eben gesagt haben, ist doch sehr didaktisch. Glauben Sie allen Ernstes, unsere Gesellschaften – ob nun hochentwickelt verkommen wie die westlichen oder unterentwickelt verkommen wie die östlichen – seien durch Literatur erziehbar? Gar so bräsige Figuren wie Reagan, Kohl, Jaruzelski? Sie haben diese älteren Herren am Ruder ziemlich erbarmungslos charakterisiert: «Im Alter von sechzig ist das Leben völlig unumkehrbar geworden, und wenn man die Zügel der Macht ergreift, wird man seine Fäuste erst für die letzte Kerze wieder öffnen. Es ist unwahrscheinlich, daß ein sechzigjähriger Mann irgendein wirtschaftliches oder politisches Risiko eingehen wird. Er weiß, daß er noch ungefähr zehn Jahre vor sich hat, und seine Freuden sind meistens gastronomischer und technologischer Art: exquisites Essen, ausländische Zigaretten und ausländische Autos.» Die wollen Sie erziehen, durch Kunst, gar durch Gedichte?

Brodsky: Ja, ich bin zutiefst davon überzeugt: Literatur kann das leisten. Nicht sofort, jäh, immer und überall. Es gibt Aufhaltsamkeiten, Unterbrechungen, Gewaltakte. Wie ich einmal gesagt habe: Lyrik gibt uns im Grunde die einzige Möglichkeit, dem Druck der Existenz standzuhalten. Die Literatur wird siegen – nicht irgendwelche Kanzler, Präsidenten, Parteisekretäre.

FJR: Ein hoffnungsvoller Satz.

Brodsky: Was ist falsch daran?

FJR: Ich habe nicht «falsch» gesagt, sondern «hoffnungsvoll». Vielleicht auch schön – wenn ich mir klarmache, wer mir so was sagt: ein Dichter, dessen Wort verfemt und dessen Person eingesperrt war. Dennoch frappiert mich, was Sie in Ihrer Nobelpreisrede sagten. «Im ganzen gesehen hat jede neue ästhetische Erfahrung das ethische Bewußtsein der Menschen geschärft. Denn die Ästhetik ist die Mutter der Ethik... Ein Mensch mit sicherem Geschmack, besonders in Stilfragen, ist nämlich weniger anfällig für die primitiven Refrains und rhythmischen Beschwörungsformeln, die jeder Art von politischer Demagogie eigen sind...» Diese Gleichsetzung von Ästhetik und Ethik scheint mir höchst fragwürdig.

Brodsky: Nein. Sie ist richtig und gerecht. Es funktioniert nicht umgekehrt – nur so.

FJR: Aber es gab doch hochgebildete Diktatoren?

Brodsky: Ein Beispiel, bitte.

FJR: Mussolini.

Brodsky: Mussolini war kein Ästhet.

FJR: Aber er war nicht ungebildet – er kannte Petrarca, Dante oder D'Annunzio, liebte Caravaggio und Chirico. Er war keineswegs ein Analphabet.

Brodsky: Für mich doch.

FJR: Vielleicht ist mein Argument ziemlich banal und sehr deutsch: aber viele Nazischergen liebten Wagner oder Beethoven, lasen Hölderlin und Goethe, spielten Klavier. Sie waren ästhetisch gebildete Mörder.

Brodsky: Dann muß ich meinen Standpunkt präzisieren. Ich spreche nicht von lesenden Diktatoren, nicht von Stalin, der Gorkij liebte, oder von Hitler in Bayreuth. Ich spreche nicht von Konsumenten. Ich spreche von denen, die durch Kunst geprägt sind, weil sie Kunst hervorbringen. Was ich meine, ist Rilkes «Du mußt dein Leben ändern». Und lassen Sie mich noch hinzufügen: Es ist wohl nur die Lyrik, die das wirklich leisten kann. Lyrik zwingt – auch den Leser – zu einer Teilnahme, ja: zu einem Komplizentum, wie keine der anderen Künste. Malerei, Skulptur, Ballett, Oper – das ist alles ein Fest der Sinne. Das hat etwas Passives. Es erfordert nicht die Mitarbeit, da geschehen nicht die tausend kleinen Explosionen. Nur im Gedicht werden sie Teil des ästhetischen Vorgangs. Sie sind nicht draußen, sondern drinnen.

FJR: Selbst wenn ich Ihr Argument vom ethisch geprägten Kunstproduzenten aufgreife – lassen wir mal den Gorkij lesenden Stalin beiseite –, frage ich mich, nein Sie: Stimmt das? Gibt es nicht Barbarei innerhalb hochentwickelter Kunst? Céline, Hamsun, Ezra Pound? Picasso hat Stalin gemalt, und Aragon hat ihn besungen.

Brodsky: Da kann jeder nur seine eigene Antwort finden. Das hat auch mit Vorlieben und Vorurteilen zu tun, mit der eigenen ästhetischen Erziehung. Sie hätten ja zu Recht auch noch den Namen Benn anfügen können.

Für mich etwa war Pascal oder Proust wichtig, nicht Thomas Mann. Ein ziemlich unangenehmer Kerl, am Rande des Kunstgewerbes, Romanfabrikant...

FJR: ... auch als politische Figur?

Brodsky: Ich komme vom Thema ab, sei's drum: Ja, auch. Proklamationen statt Kunst. Das hat mich auch an Günter Grass' Auftritt hier beim New Yorker PEN-Kongreß gestört – man braucht hier keine Deutschen, um sich über Amerika belehren zu lassen.

FJR: Sie sind ungerecht. Ob Thomas Mann oder Grass – sie haben sich, wie schließlich auch Büchner oder Heine, vor allem in deutsche Dinge eingemischt. Das haben schließlich viele Ihrer sowjetischen Kollegen mit sowjetischen Dingen getan – und tun's Gott sei Dank noch.

Brodsky: Darauf werden wir vielleicht noch kommen. Ich wollte erst einmal sagen: Jeder Schriftsteller ist ein Produkt von vielen Schriftstellern, und bei mir gibt es zahllose Einflüsse von Achmatowa und Auden, Baudelaire und Rilke, selbst kleine Begabungen wie die Bachmann, Günter Eich oder Huchel – an dessen wunderbaren Kopf ich mich erinnere – haben mich interessiert. Und darunter dann eben auch ein Céline, der ein großer Stilist war.

FJR: Ich habe nicht von dem Stilisten, sondern von dem Faschisten Céline gesprochen.

Brodsky: In Wahrheit kein Widerspruch. Es gibt, durch die Jahrhunderte hindurch, großartige und hochkomplizierte Künstler, die bei einem simplifizierten Geschichtsbegriff enden. Vielleicht war die Geschichte – im Gegensatz zu ihrer Persönlichkeitsstruktur – zu wenig komplex.

FJR: Würden Sie diese Irrtumserlaubnis auch Sartre einräumen?

Brodsky: Nein. Ich lehne es auch ab, wenn man Sartre als überragende intellektuelle Figur unserer Zeit bezeichnet. In meinen

Augen ist jemand, der Wirklichkeit nur in der Aktion manifest werden sieht, kein Intellektueller.

FJR: Da Sie Proteste und Mikrophonstatements und Manifeste als außerliterarisch ablehnen, auch die Prosa als für Sie in Betracht kommende Form...

Brodsky: Das ist kein Beschluß. Ich möchte einfach keine Prosa schreiben, habe keine Lust dazu. Lyrik ist soviel kondensierter, genauer, ungeduldiger – so schmerzlich intensiv wie eine Liebesnacht. Ich bin ein *one-night-stand;* manchmal erinnert sie sich an diese eine Nacht für immer. Dann war es Liebe. So ist es mit dem Gedicht. Es ist ja auch kein «Beschluß», daß ich seit geraumer Zeit englisch schreibe – zumindest publizistische Arbeiten; Gedichte, die schreibe ich nach wie vor fast alle russisch.

FJR: Würden Sie sich dennoch einen Einfluß auf die Entwicklung in der Sowjetunion zuschreiben? Ist Joseph Brodsky Teil der sowjetischen Gegenwartskultur?

Brodsky: Die Frage ist leichter gestellt als beantwortet. 1972, in der Nacht meiner Ausreise, schrieb ich einen Brief an Breschnjew, der auf eine einzige Bitte hinauslief: mich weiter teilhaben zu lassen am literarischen Prozeß im Lande; *in corpore* – so hatte man ja entschieden – durfte ich nicht vorhanden sein, gut. Aber ich wollte *in spiritu,* als Autor, als Übersetzer, weiterhin Teil meines Landes bleiben. Nun ja – die Antwort währte siebzehn Jahre.

FJR: Eine böse Metapher?

Brodsky: Weder böse noch Metapher. Die Antwort besteht ja darin, daß ich wieder gedruckt werde. Einzelne Gedichte, Bücher noch nicht. Ob ich deswegen Einfluß habe...

FJR: Kürzlich las ich die Bemerkung eines amerikanischen Schriftstellers: «Susan Sontag beeinflußt keine acht Leute in Arkansas» – sind es bei Joseph Brodsky mehr, in Leningrad?

Brodsky: Großer Unsinn. Susan Sontag beeinflußt ganz gewiß wesentlich mehr Menschen überall in den USA, sogar in Arkansas.

Mein Fall liegt komplizierter. Doch wenn wir uns darüber einig sind, daß ein bestimmter historischer, gesellschaftlicher Prozeß in der Sowjetunion in Gang gekommen ist – dann möchte ich auch ganz gerne Einigkeit darüber: Diesen Prozeß haben wir, Intellektuelle, Künstler, Dichter, niemand anderes als wir in Gang gesetzt. Natürlich weiß ich auch, daß eine ökonomische Zwangssituation Druck auf die Herrschenden im Kreml ausübt. Aber dieser Druck allein produziert keine Veränderung – wie umgekehrt Kredite, Joint-ventures, Exporte und Importe gar nichts ändern. Nicht die Banker und Politiker verändern eine, diese Gesellschaft – die verwalten allenfalls diese Veränderung; sie hängen sich gleichsam an uns an. Kein Zufall, daß die – wie man hierzulande sagen würde – Administration sich vor allem unserer Unterstützung versichert; uns: das sind Maler, Regisseure, Journalisten, Schriftsteller. Wir haben das vorbereitet, wir haben das soziale Pathos definiert, und wir haben die Sprengsätze gelegt. Das war 1956 in Ungarn so, in Polen, das war in Prag so – und das ist jetzt bei uns so.

FJR: Sie sitzen hier im Greenwich Village von New York und sagen «uns»; wer ist «wir» und «uns»? Lebt Ihr Kopf in New York und Ihr Herz in Leningrad? Sind Sie zurück in Rußland?

Brodsky: Ja. Genau das bin ich!

FJR: Verzeihen Sie, wenn meine Frage sich taktlos anhört, Sie weisen derlei meist als unangemessene «Empfehlung» ab; aber als ich Sie vor anderthalb Jahren in Washington fragte: «Könnten Sie daran denken, in die Sowjetunion zurückzugehen, wenn man Sie dort druckt?», sagten Sie: «Ja.» Deshalb frage ich jetzt noch einmal: Wäre die uneingeschränkte Publikation Ihrer Arbeiten für Sie ein Grund, zurückzugehen?

Brodsky: Möglicherweise.

FJR: Sie könnten sich also vorstellen, wieder in der Sowjetunion zu leben?

Brodsky: Nein. Dort zu leben – das kann ich mir nicht mehr vorstellen. Ich kann nicht re-migrieren. Nein, leben könnte ich dort nicht mehr. Ich lebe dort – als Autor.

FJR: Aber reisen?

Brodsky: Eigentlich auch nicht. Ich kann mich nicht als Tourist in einem Land sehen, in dem ich aufgewachsen bin, wo ich 32 Jahre lebte. Es mag für einen Verbrecher einen gewissen Sinn geben, zum Ort der Tat zurückzukehren, dahin, wo er vielleicht sein Geld vergraben hat. Aber in der russischen Erde liegt mein Herz vergraben; man kehrt nicht an den Ort der Liebe zurück.

«Das letzte Abenteuer»

Gespräch mit Jorge Semprún

FJR: Wenn ich es richtig verstehe, ist Ihr Werk von drei Leitmotiven geprägt. Das eine: der sehr rigorose Abschied vom – ja, wovon nun: stalinistischen Kommunismus oder Marxismus oder Sozialismus überhaupt? Wovon der rigorose Abschied?

Jorge Semprún: Auf jeden Fall ein Abschied vom stalinistischen Kommunismus, zum Teil auch vom Marxismus. Ich glaube, daß es in Marx' Denken – nicht im Marxismus, wie er sich später in der Kommunistischen Partei institutionalisiert hat – Elemente, kritische Elemente gibt, die ihre Gültigkeit behalten haben. Natürlich nicht die Illusion von der universellen Klasse, die nicht nur das Klassensystem verändern, sondern alle Klassen befreien, die Klassen abschaffen würde. Falsch sind also in gewisser Weise die Ideen, für die wir hauptsächlich, sagen wir: Revolutionäre geworden sind. Die Geschichte hat diesen Teil des Marxismus widerlegt. Aber es gibt Momente der Analyse, der richtigen, sozialen, ökonomischen, selbst moralischen Kritik der Gesellschaft.

FJR: Aber braucht man dazu den Marxismus? Wenn nur dieser kleine Rest übrigbleibt, ist das noch wesentlich marxistisch?

Semprún: Nein, gewiß nicht.

FJR: Würden Sie sich jetzt noch – wie früher gelegentlich – einen marxistischen Intellektuellen nennen?

Semprún: Nein.

FJR: Ab wann nicht mehr? Erst nach dem Bruch mit der Partei?

Semprún: Nicht unmittelbar danach, erst einige Jahre später. Denn erst nach dem Bruch mit der Partei habe ich angefangen, sehr viel freier zu denken. Diesem Bruch lagen politische, strategische, taktische und Fragen der Analyse und der Vision zugrunde; es sind nicht unbedingt die großen philosophischen Fragen, derentwegen man mit seiner Partei bricht. Es hat immer mit der unmittelbaren politischen Richtung, der Strategie, dem politischen Alltag zu tun. Aber dann begann ich nachzudenken, und das brachte mich zu den tieferen Ursachen der Meinungsverschiedenheiten und damit natürlich zu ihrem philosophischen Kern. Da wurde es offenkundig, daß ich im strengen Sinne des Wortes, dem enzyklopädischen Begriff nach, tatsächlich kein Marxist bin. Gleichzeitig, auch wenn das widersprüchlich klingen mag, schließe ich aber nicht völlig aus, daß die Beschäftigung mit dem Werk von Marx – immer eingedenk seiner Entstehungszeit, dem 19. Jahrhundert – weiterhin zu den Grundlagen meines Denkens gehört.

FJR: Das heißt, Sie lassen sowohl von Marx selber als auch vom Marxismus nur das Element der kritischen Analyse weiter gelten, aber nicht das Element des Entwurfs?

Semprún: Das ist richtig.

FJR: Das Element der Vision haben Sie eben sogar Illusion genannt. Das heißt, daß Sie sogar die Idee, die Gesellschaft zu verändern, auch schon illusionär nennen?

Semprún: Die Idee der Veränderung der Gesellschaft mit den Mitteln der Revolution ist eine Illusion.

FJR: In jedem Fall?

Semprún: Ja. Aber da haben wir einen offensichtlichen Widerspruch; denn ich glaube, die Erfahrungen des 20. Jahrhunderts... – und wir führen dieses Gespräch hier in Madrid zu einem Zeitpunkt, da sich in Osteuropa mit großer Geschwindigkeit etwas bewegt, das Resultat sei dahingestellt, das will ich jetzt nicht beurteilen –, und das haben wir, die «Linken», vor noch sechs Monaten oder ein, zwei Jahren nicht vorhergesehen.

FJR: Sie selber offenbar auch nicht?

Semprún: Nein, ich auch nicht.

FJR: Sie haben in früheren Interviews gesagt: Nie im Leben gibt es da eine Veränderung, in der Sowjetunion schon gar nicht, die russische Tradition ist diktatorisch, nicht nur die stalinistische, sondern die russische. Dort wird es nie eine Entwicklung hin zur Demokratie geben. Das würden Sie heute korrigieren?

Semprún: Ich korrigiere das in einem Punkt; in dem haben sich viele von uns geirrt, und das ist die wichtigste Entdeckung, die ich seit einigen Jahren, aber vor allem in den letzten Monaten mache: Wir hatten geglaubt, daß die bürgerliche Gesellschaft in der Sowjetunion zerschlagen, zermalmt und verschwunden wäre. Aber sie geht nicht unter.

FJR: Glauben Sie wirklich, daß bei Beibehalten einer wie immer modifizierten kommunistischen Staatsform wirklich profunde Änderungen möglich sind? Sind Sie gar überzeugt, daß sich Marxismus so erneuern kann, genauer gesagt: Kommunismus bleiben kann, oder sehen Sie eine Entwicklung davon weg?

Semprún: Die Antwort darauf ist in theoretischer Hinsicht sehr heikel, sehr kompliziert zu formulieren. Wenn man sagt, daß es der Kommunismus ist, der sich verändert und sich fortentwikkelt, dann schreibt man die aktuellen Veränderungen in gewisser Weise dem Marxismus zu. Aber das ist ein Sophismus.

FJR: Nicht ganz.

Semprún: Nein, nicht ganz, aber doch insofern, als es zu dieser Entwicklung nicht kraft marxistischer Prinzipien gekommen ist. Ein konkretes Beispiel: Leitlinie des gesamten wirtschaftspolitischen marxistischen Denkens war die Kritik und die Abschaffung der Marktwirtschaft. Heute versucht die sowjetische Gesellschaft unter Gorbatschow und seinen Anhängern mit einer Art fieberhafter Unruhe, «qua marxistischer Analyse» die Mechanismen der Marktwirtschaft wieder zu etablieren.

FJR: Könnte man sagen, daß der Marxismus sich jetzt vielleicht auf sich selber anwendet, als kritisches Instrument?

Semprún: Man hat eine Zeitlang sehr geschickt taktische Elemente, vor allem gegenüber dem Westen, entwickelt. Es ging darum, Zeit zu gewinnen. Aber ich glaube, daß die Konsequenzen sich selbständig gemacht haben. Das hat eine Art Eigendynamik bekommen. Und nun entsteht in der Gruppe um Gorbatschow das Bedürfnis nach einer theoretischen Klärung dessen, was sich historisch ereignet hat. Die große Überraschung für mich ist die schnelle Gegenreaktion, zu der ein Teil der russischen Gesellschaft imstande ist. Ohne so weit zu gehen wie Sinowjew mit seiner Theorie des *Homo sowjeticus* und der Erstarrung, der definitiven Vereisung der sowjetischen Gesellschaft, oder so weit wie Castoriadis, der die Theorie vom Militärsystem aufgestellt hat – beides habe ich für Übertreibungen gehalten –, war ich ziemlich überzeugt davon, daß die sowjetische Gesellschaft zwar in bestimmten Grenzen fähig wäre, sich zu ändern und sich anzupassen, jedoch nur durch die Mechanismen eines aufgeklärten Despotismus.

FJR: Nun gibt es natürlich Fälle, Beispiel China, wo es sehr schnell wieder erlischt, ausgetreten wird. Im Moment ist es nicht garantiert, daß dies wirklich ein geschichtlicher Prozeß wird.

Semprún: Das kann man noch nicht sagen. Ich glaube nicht, daß man schon sagen kann, daß dieser Prozeß irreversibel ist. Es sind wohl Grenzen überschritten, die man im Auge behalten muß, ohne daß man in die Extreme des «Nun sind alle Probleme gelöst» oder des «Es wird sich ja doch nichts ändern» verfällt. Solche Grenzpunkte sind zum Beispiel: die Konstituierung einer Regierung unter Führung eines Nicht-Kommunisten in Polen, in einem Land des Warschauer Pakts; einige Dinge, die in den baltischen Staaten geschehen; die bloße Tatsache, daß Männer wie Sacharow oder Boris Jelzin Wortführer sein können; der Gedanke, daß es wie in Ungarn bei Wahlen andere Kandidaten als die der Kommunistischen Partei geben kann, wenn auch in einem festumrissenen, begrenzten Umfang. Alles das sind – unabhängig davon, ob man damit einverstanden ist oder nicht, ob man findet, daß es zu schnell oder zu langsam geht – solche Grenzpunkte. Ich glaube nicht, daß der Mechanismus, der zu diesen Grenzüberschreitungen geführt hat, wirklich nur noch das Resultat der Strategie einer Führungsgruppe ist.

FJR: Nun kommt aber ein neues Element hinzu, das besonders deutlich an Ihrer Biographie wird: Wenn Stalinismus Terror und Verbrechen war, dann wird irgendwann auch mal die Schuldfrage gestellt werden müssen (ähnlich der Debatte respektive Nicht-Debatte im Nachkriegsdeutschland). Wer hat sie denn begangen, die Verbrechen? Das war doch nicht lediglich eine kleine Clique irgendwo in Moskau, sondern es waren Hunderttausende kleine, mittlere, große Funktionäre; Zellenschließer, Lagerwächter, Folterer und Verhörbeamte. Diese Debatte muß, falls das ein existentieller Prozeß in der Sowjetunion wird, auch geführt werden. Meine Frage an Sie: Zwar haben Sie in Ihrem autobiographischen Roman «Federico Sánchez» das alles stark reflektiert, haben ihre eigenen hymnischen stalinistischen Gedichte bloßgestellt. Richtig beantwortet haben Sie die Frage nicht, die ich stellen muß: Wie kann ein so hochdifferenzierter, hochkultivierter Mann wie Sie, ein von Rimbaud bis Uwe Johnson belesener Mann, zu so spätem Zeitpunkt noch Stalinist gewesen sein?

Semprún: Das ist ein kompliziertes Problem. Wenn ich heute an diesen Lebensabschnitt denke, verstehe ich manchmal nicht, wer ich damals war; ich verstehe nicht recht, wer ich war und wie das funktioniert hat. Heute scheint mir das unvorstellbar, und doch habe ich immerhin – trotz der Identitätsprobleme, mit denen wir alle zu tun haben – genügend Selbstgefühl, um zu wissen: Das war *ich*. Das war kein Double, kein Phantom, das war ich. Und abgesehen von dem Phänomen der Bewältigung durch Selbstanalyse, die in der Veröffentlichung der Texte besteht, in denen ich durchaus meine eigene Vergangenheit kritisiere, ist das im 20. Jahrhundert natürlich eine sehr seltsame Erfahrung: Wie konnten Menschen – lassen wir die Gedichte beiseite – sich an so etwas beteiligen.

FJR: Die Gedichte sind nur das Schmuckblatt verbogener, verlogener Gefühle.

Semprún: Es war wohl eine Art fast religiöser Zustimmung zu einem Veränderungswillen, die einhergeht mit der Ausschaltung des kritischen Gewissens im Zusammenhang mit der Partei. Wann bei mir der Prozeß der Stalinisierung eingesetzt hat, weiß ich genau. Als ich 1945 aus dem KZ Buchenwald kam, war ich kein Stalinist. Ich wußte kaum, wer Stalin war, ich hatte nichts von ihm gelesen, dagegen ziemlich viel von Marx, einiges von Lukács, von Kautsky, von Gramsci und Lenin. Aber von Stalin wußte ich nicht mehr, als daß er der Generalissimus der Roten Armee war, die den Krieg gewonnen hatte. Ich war ein Gegner des Stalin-Hitler-Paktes und kommunistischer Aktivist, das ist alles. Da hatte es noch nicht eingesetzt. Es waren die fünfziger Jahre, der Kalte Krieg, was zu meiner Stalinisierung geführt hat. Eine Art von Religion, von Glaube an eine Ideologie. Und außerdem hatte man die Möglichkeit, die typisch ist für diese Art kulturelle Schizophrenie: Ich habe immer vermeiden können, daß man mit mir über meine Lektüre diskutierte. Für mich blieben Gide, Kafka, Giraudoux immer unantastbar.

FJR: Sie waren kulturell frei, aber politisch auf der Seite der Kerkermeister. Sie liebten Proust oder Picasso, das Wort Formalismus gab es für Sie nicht. Um ein Heine-Wort zu paraphrasieren: Sie predigten öffentlich Scholochow und lasen heimlich Verlaine. Haben Sie nicht an sich selber Verrat begangen und an Ihren Genossen?

Semprún: Natürlich.

FJR: Zum Beispiel an Ihren tschechischen Genossen. Sie wußten, dieser Mann Slánský und Ihr Freund Josef Frank werden verurteilt für eine falsche Anschuldigung. Sie wußten, daß sie falsch war.

Semprún: Ich wußte, daß es falsch war, und ich wußte, wenn ich gesagt hätte: «Aber das ist doch falsch», hätte man mich aus der Partei ausgeschlossen. Zugleich habe ich nicht aufgehört zu glauben, und das ist das entscheidende, daß die Partei trotz allem für Spanien ein Instrument des Kampfes ist. Von dem Moment an, wo mir bewußt wird, daß das nicht stimmt, bricht alles zusammen.

FJR: Sie sind bis nach Stalins Tod Kommunist geblieben, zu einer Zeit also, zu der Sie wußten. Zu einer Zeit, zu der Sie Merleau-Ponty oder Koestler gelesen hatten und sich klar waren, daß das keine «Scribenten» und Agenten des Imperialismus waren, sondern Schriftsteller, die die Wahrheit formulierten.

Semprún: Ja, mit Merleau-Ponty habe ich stundenlang persönlich diskutiert, ich kannte ihn ganz gut.

FJR: Eben. Und wie lange dauert das? Die Frage geht ja nicht nur an Sie persönlich, sondern an Sie als «Stellvertreter»: Von Brecht bis Eluard haben Autoren ihre Stalin-Gedichte geschrieben, lange nach dem antifaschistischen Kampf. Ob Picasso oder Neruda – sie sind in der Lüge geblieben. Jorge Semprún auch?

Semprún: Ja, in einer Zeit der Lüge, sagen wir: der nicht identifizierten, nicht erkannten Lüge, das heißt einer ideologischen Vision, der Schizophrenie. Aber es gibt eine Zeit der eingestandenen Lüge, die etwa 1956 begann, als der Geheimbericht Chruschtschows vom XX. Parteitag zirkulierte.

FJR: Sie haben einmal geschrieben, das Gewissen ist blutig. Wie Brecht wußte, daß seine Freunde in der Sowjetunion gemordet worden sind, und dennoch dieser Partei – wenngleich nicht als Mitglied – die Treue hielt. Haben Sie, Jorge Semprún, Schuld auf sich geladen?

Semprún: Die Zeit, zu der diese Schuld klar in Erscheinung trat – man muß das ja in einen historischen Zusammenhang stellen –, ist die Zeit 1949/1950, es ist die Zeit der Prozesse gegen Slánský, Josef Frank und viele andere, wo man vor der Wahl steht, die Wahrheit nicht zu verkünden und weiterhin einem Apparat anzugehören, obwohl man um die Lüge weiß, weil dieser Apparat immer noch ein brauchbares Instrument des Kampfes ist. Später, als Verantwortlicher in der Partei, habe ich an die Möglichkeit von Reformen geglaubt. Mein Aufstieg vom Basisaktivisten zum Mitglied des Politbüros fällt in die Zeit von Chruschtschows Reformen, 1956 bis 1964. Einige Monate vor Chruschtschows Sturz bin ich aus der Kommunistischen Partei ausgeschlossen worden. Um diese Zeit handelt es sich, und damals hatte ich die Illusion, daß eine Reform von innen möglich sei, daß die Partei fähig sei, sich zu reformieren. Heute glaube ich, daß, von legalen, normalen Modifikationen abgesehen, die Partei nicht fähig ist, sich aus sich selbst heraus zu reformieren. Sie mag als eine beliebige Partei innerhalb der Gesellschaft weiterexistieren, aber *die Partei*, der Mythos von der Partei des Proletariats, die im Namen des Proletariats spricht (des Proletariats, das sie zum Schweigen verurteilt hat) – daran glaube ich nicht mehr, das ist vorbei. Als mir das klarwurde, habe ich die Partei verlassen. Die Bewußtwerdung begann durch die Prozesse gegen Slánský und Frank, die eine Lüge waren. Ich wußte, Frank war unschuldig – vielleicht war Trotzkij es dann auch?

FJR: Heißt das auch, daß Sie für eine Periode Ihres Lebens den Intellektuellen in sich abgetötet oder verabschiedet haben? Für einen Intellektuellen ist ja Gläubigkeit eine sehr ungewöhnliche Haltung, er zweifelt ja erst mal an jeder Autorität, sei es nun der liebe Gott oder sei es Stalin oder Marx oder wer immer. Haben Sie gesagt: Nein, ich will jetzt nicht zweifeln, ich lasse den Zweifel nicht an mich heran?

Semprún: Das ist wahr, das stimmt genau. Mit einem Unterschied, nein, nicht Unterschied, aber mit einem Kommentar: Wir haben öfter Brecht erwähnt. Das wäre der Unterschied: *Ich* hatte weder einen österreichischen Paß noch einen westdeutschen Verleger, noch ein Dollarkonto. Ich war nichts als ein spanischer Untergrundkämpfer. Ich habe den Intellektuellen in mir verabschiedet, aber ich habe gleichzeitig etwas riskiert. Das ist nur eine Kleinigkeit, aber es macht einen Unterschied. Es war kein Gesellschaftsspiel, es war ein Risiko.

FJR: Das zweite Leitmotiv in Ihrem Werk: Mit großer, wie ich finde, wunderbarer Rigorosität, Radikalität haben Sie sich mit Deutschland und dem Faschismus auseinandergesetzt. Im Zentrum Ihres Romans «Die große Reise» steht dieser Dialog zwischen einem Soldaten und dem von ihm bewachten KZ-Häftling, der ungefähr so endet: Ich wünsche dir den Tod als den Tod der deutschen Armee; dein Tod wird nie so schwer wiegen wie der Tod meiner Genossen, die in Buchenwald zu Rauch geworden sind.

Jetzt drehe ich das mal um: Dieser Soldat, irgendeiner, von mir aus sogar ein Staatssekretär, hätte auch sagen können: Ich bin aber dabeigeblieben, weil ich dachte, ich kann etwas reformieren. Der Vater des jetzigen deutschen Bundespräsidenten von Weizsäcker etwa hat ja offenbar so gedacht. Und hat sich zugleich schuldig gemacht. Ich rede jetzt nicht von Schergen, ich rede von Menschen, die dazwischen standen, aber ein Unrechtssystem bedient haben, und wenn sie auch nur Radiosprecher waren, die die Sondermeldungen gesprochen, Schauspieler, die in «Jud Süß» eine Nebenrolle gespielt, oder Musiker, die «Freude, schöner Götterfunken» dirigiert haben – sie haben ein Unrechtssystem bedient, und nach 1945 meistens gesagt: Wir haben aber gehofft, wir könnten es vielleicht etwas verändern. Dasselbe Argument. Das Ihre.

Semprún: Ja. Jedenfalls ein analoges, ja. Aber ich persönlich bin ziemlich ruhig und gelassen, was die deutsche Vergangenheit angeht. Ich habe niemals den Willen oder den Wunsch gehabt und mir niemals angemaßt, die Schwierigkeit zu leugnen, in Opposition zu einem Regime wie dem Naziregime zu gehen. Ich habe nie gefordert, daß das deutsche Volk ein Volk der Helden und Widerstandskämpfer hätte sein sollen. So etwas finde ich ungeschichtlich. Meiner Meinung nach sollte man zur deutschen Geschichte die, vielleicht widersprüchliche, Einstellung haben: äußerste Strenge im Urteil über das, was geschehen ist, *und* äußerstes Verständnis.

FJR: In Ihrem Roman «Die große Reise» gibt es die eindringliche Szene, in der selbst ein Flirt zwischen dem entlassenen KZ-Häftling und einem jungen deutschen Mädchen nicht möglich ist, weil er angewidert feststellt (und sagt): Ja, ja, ihr wart alle dagegen, und ihr habt alle nichts gewußt. Aber wer – pars pro toto – Bucharin erschoß und wer eine junge Frau Jahrzehnte aufs barbarischste durch die Gulags schleppte – das haben doch auch «alle» gewußt?

Semprún: Ja, sicher. Da kommen wir zu einem Kernpunkt der Problematik der Intellektuellen des 20. Jahrhunderts. Wie ist es möglich, daß Intellektuelle, gebildet, kultiviert, belesen, Stalinisten sein konnten – und wie ist es möglich, daß die Mehrheit der Deutschen, eines Volkes von diesem Niveau, materiell, kulturell, zivilisatorisch, das Instrument dieses totalitären Regimes war? Das ist in beiden Fällen etwa dieselbe Sache, die wir zu analysieren haben.

FJR: Darauf wollte ich hinaus.

Semprún: Denn ich muß sagen, ich bin davon überzeugt, daß eine globale Analyse dieses Phänomens in Europa notwendig ist, wobei wir nicht in die Spur dieser schrecklichen deutschen Historikerdebatte schlittern wollen; unser Gespräch sollte analytischer sein, als gewisse deutsche Historiker es sind. Dennoch kann man bei der Analyse nicht eines der beiden Phänomene ausklammern! Es ist eine schlimme intellektuelle Frivolität zu sagen: Nein, das ist etwas ganz anderes, es hat im Kommunismus zwar viele Ermordete gegeben, aber die Russen sind trotzdem viel sympathischer. Das ist unseriös.

FJR: Vielleicht auch unintelligent?

Semprún: Ich bin vielleicht von einer Epoche, einer Generation und einer historischen Praxis geprägt, die es mir sehr schwer machen zu glauben, daß es einem Intellektuellen möglich ist, nicht politisch aktiv zu sein. Wenn ich zum Beispiel jetzt höre, daß ein Schriftsteller sich nur durch sein Schreiben engagieren soll, bringt mich das fast zum Lachen. Erstens ist das eine Binsenwahrheit – natürlich gilt sein Engagement dem Schreiben, aber andererseits ist das auch eine Verstümmelung. Warum? Warum nur das Schreiben? Weshalb soll er sich nicht auch in der Liebe, in der Politik engagieren, sich auf Erfahrungen oder was immer einlassen? Engagement heißt doch, sich mit der Welt, mit allem, was es gibt, mit sich selbst einlassen. Aber, und da sind wir bei Ihrer Frage, das Engagement des Intellektuellen darf nicht von einer politischen Partei diktiert werden. Das ist für mich definitiv. Das ist heute unmöglich.

FJR: Das sagt ein amtierender Minister zu mir? Ich will dabei gar nicht wissen, ob Sie irgendeiner Partei angehören.

Semprún: Ich bin nicht in der Sozialistischen Partei. Ich werde nie mehr einer Partei angehören.

FJR: Aber dennoch arbeiten Sie ja für sie.

Semprún: Ich habe ein sehr hoch gestecktes Ziel hier in Spanien, nämlich zu beweisen, daß man Minister sein kann, ohne sich dabei als Intellektueller verabschieden zu müssen, indem man sich seine Autonomie, sein unabhängiges Urteil bewahrt und gewisse Dinge beim Namen nennt.

FJR: Geht das?

Semprún: Ich sage Ihnen ganz offen, und Sie können das als eine Art feierliche Erklärung betrachten: Wenn ich eines Tages an diesem Tisch feststelle, daß ich nicht mehr als Intellektueller handeln kann – natürlich gibt es administrative Zwänge; ich meine damit nicht, daß ich morgens aufstehen und mir sagen kann, ach, heute gehe ich mal im Prado spazieren, das meine ich natürlich nicht –, wenn ich also feststelle, daß ich den Intellektuellen in mir verabschieden muß, dann trete ich von dem Ministeramt zurück.

FJR: Wann ist das? Sie haben doch, wie Czeslaw Milosz es mal genannt hat, ein Stückchen von der Macht gegessen.

Semprún: Nur ein sehr, sehr kleines Stückchen.

FJR: Groß genug.

Semprún: Das ist etwas, das mich auch beschäftigt hat, und es ist einer der Gründe, weshalb ich diesen Ministerposten angenommen habe, als Felipe González ihn mir anbot. Denn ich wollte wissen, jetzt in meinem Alter, nachdem ich durch den Stalinismus gegangen bin, ob ich mir klar darüber werden kann, daß ich – nicht «ein Stückchen von der Macht essen» – mich nicht von der Macht auffressen lassen würde.

FJR: Selbst auf dem hintersten Platz – weil nur Kulturminister – sitzen Sie dennoch am Tisch der Macht. Versehrt das nicht das Hirn, die Seele eines Schriftstellers? Verdirbt es nicht den *créateur*?

Semprún: Für die Antwort darauf, lieber Fritz Raddatz, lesen Sie, wenn Sie wollen, die Bücher, die eines Tages von mir erscheinen werden. Ich habe Ihnen eine feierliche Erklärung gegeben, die Sie ernst nehmen können oder nicht. Heute kann ich darauf nur antworten: Ich glaube, nein. Aber die einzige wirkliche Antwort wird in den Büchern zu finden sein, die ich während dieser Zeit schreibe, konzipiere, vorbereite; die intellektuelle Attitüde der Bücher aus dieser Periode wird die Antwort auf Ihre Frage geben.

FJR: Falls Vargas Llosa jetzt Präsident von Peru wird – glauben Sie, er kann weiter Schriftsteller sein?

Semprún: Ich halte viel von Mario, ich bewundere ihn aus vielerlei Gründen, aber ich persönlich würde mich nie als Präsidentschaftskandidat aufstellen lassen, weder in Peru noch anderswo.

FJR: Warum tut Jorge Semprún ähnliches oder tat es? Es muß ja Gründe gegeben haben.

Semprún: Natürlich gab es Gründe.

FJR: Ich meine, Sie waren berühmt vorher, Geld haben Sie auch verdient...

Semprún: Mehr als heute.

FJR: Die äußeren Eitelkeiten sind es nicht. Also sind es innere Gründe, muß es doch einen Punkt von *sincérité* geben, warum Sie es tun. Also doch ein bißchen Welt verändern?

Semprún: Doch ein bißchen die Welt verändern, ja, das ist es. Ich glaube, was mir bleibt nach all den Säuberungsaktionen und Verwandlungen durch meinen zunächst politischen, dann auch intellektuellen und sogar psychologischen Bruch mit dem kommunistischen Engagement – was mir bleibt, und da kommen wir zu der Frage von vorhin zurück, das ist der Gedanke, daß wir auch verantwortlich sind für die Welt um uns herum. Wenn ich sage wir, meine ich ganz allgemein die Intellektuellen. Mehr oder weniger ist jeder verantwortlich, aber wir sind es auf jeden Fall. Fast zwei Tage nach der Rückkehr aus Buchenwald wurde mir etwas bewußt, eine Kleinigkeit, die aber philosophisch, sogar für mich persönlich, sehr wichtig war: Für mich war es nicht «Sein zum Tode», es war «Sein vom Tode», ich kam aus dem Tod. Das veränderte meine ganze Beziehung zu Leben und Tod.

FJR: Der dritte Motivstrang: Ihre literarischen Arbeiten prägt für mein Gefühl ein sehr kompliziertes Gewebe aus Erinnerung, Tod, Geschichte und ein sehr merkwürdiges Verhältnis zu Erotik oder Sexualität, die eigentlich Entfernungsrituale sind bei Ihnen.

Semprún: Ja, das stimmt. Es ist merkwürdig, daß Sie heute hier sind, um darüber mit mir zu sprechen. Denn wir kennen uns seit Jahren, und jetzt, wo ich im Begriff bin, wieder darüber zu schreiben, sprechen Sie davon. Ich möchte für mich selbst klären, welche Wechselwirkungen es da gibt beim Schreiben, welche Beweggründe. Ich bin überzeugt, daß die Erfahrung der Deportation, sei es im Nazi-KZ oder im sowjetischen Gulag, keinen einzigen Schriftsteller hervorgebracht hat. Wer dies erlebt hat und Schriftsteller ist, war schon vorher einer. Ich war mir klar: Schreiben bedeutete für mich Schreiben über das Lager – aber ich konnte über das Lager nicht schreiben. Denn damit hätte ich diesen Tod fortgesetzt. Das sollen andere Schriftsteller halten, wie sie wollen, meine eigene Reaktion war: Heilung durch Vergessen. Aber diese Heilung durch Vergessen führte zur Politik. In dem Maße, wie man sich weigert, über den Tod zu schreiben, um ihn nicht zu verlängern und aus dem Tod herauszukommen, in eine Zukunft – in dem Maß gibt man sich der Politik hin. Politik ist immer Zukunft.

FJR: Das seltsame ist nur, daß innen in Ihren Büchern ein großer anderer Strom fließt, nämlich eine große Verzagtheit, ein ständiges Sichklarmachen des großen Vergebens. Sie sind gleichsam obenauf der politische Aktivist, und innendrin in der Prosa zieht es alles zurück und zeigt das ewige große Menetekel «Alles vergebens». Und da sitzt nun jemand und fängt wieder an, politisch aktiv zu sein.

Semprún: Ja, das ist ein Widerspruch. Das ist vielleicht so etwas wie das letzte Abenteuer, der letzte Versuch, meine letzten Kräfte in der Realität einzusetzen...

FJR: Zum Schluß eine – verzeihen Sie – sehr deutsche Frage. Mehrere Male, unter anderem bei den Römerberg-Gesprächen, haben Sie sich für ein einheitliches Deutschland ausgesprochen. Da verstehe ich Sie doch wohl nicht falsch, oder?

Semprún: Nein, Sie verstehen mich nicht falsch. Was auch immer die Ursache für die Teilung Deutschlands in zwei souveräne Staaten ist: Es ist ein Skandal, theoretisch und historisch. Auch als Folge eines gerechten antifaschistischen Krieges ist es ein theoretischer Skandal. Man muß vernünftigerweise sagen, daß Deutschland wieder vereint werden soll.

«Ich will die Katastrophe aufhalten»

Gespräch mit Mario Vargas Llosa

FJR: Da Sie einen besonders eindringlichen Essay über Flaubert geschrieben haben, werden Sie dessen Satz kennen, aus dem Sie ja den Titel Ihrer Studie wählten: «Das einzige Mittel, die Existenz zu ertragen, ist, sich in der Literatur wie in einer ewigen Orgie zu betäuben.» Und nun?

Mario Vargas Llosa: Sie erwischen mich gleich zu Beginn; denn das hat sich bei mir nun gründlich verdreht – die Realität frißt mich auf.

FJR: Eben. Wahlreden, Fernsehansprachen, politische Polemiken, Statistik-Diskussion und Wirtschaftsprognosen: Was tut das mit dem Schriftsteller Mario Vargas Llosa?

Vargas Llosa: Es vernichtet, verschlingt ihn. Das ist für mich persönlich das Hauptproblem. Die Sprache der Politik ist stumpf, sie arbeitet notwendigerweise mit Klischees, ist grob statt reflektiert. Dieser zwangsläufig falsche Umgang mit der Sprache kann die meine dumpf machen. Ich mache mir da nichts vor: Diese Art, sich in Politik zu engagieren – also nicht mehr nur als politisierter Intellektueller Reden zu halten, Diskussionen zu führen, sondern Politik zu *machen* –, ist der zumindest zeitweise Abschied von der Literatur. Werde ich gewählt, habe ich nicht nur das mörderischste Amt im Lande, sondern bin ich als Schriftsteller ein tödliches Risiko eingegangen.

FJR: Aber warum macht jemand wie Sie das, der behaglich – und unbewacht – in diesem schönen Haus oder in seiner Londoner Wohnung leben könnte, der erfolgreich genug ist, daß er den 50000-Dollar-Ritz-Preis einer Schule in den Anden stiftet; und:

Kann er das überhaupt? Peru ist wirtschaftlich am Ende. Verstehen Sie genug von dem «Geschäft», das auf Sie zukommt?

Vargas Llosa: Zwei Fragen, zwei Antworten. Ich mache es, weil mir räsonieren nicht mehr genügte, diese politisch aufgeschminkten Reden eines Literaten, die auch ich hielt. Weil ich mit Pamphleten, Forderungen, meiner Kritik an dem Desaster-Kurs der Regierung und bestimmten Vorschlägen wider eigenes Erwarten von einer riesigen Woge der Zustimmung getragen wurde –

FJR: Kurzer Einwurf: Ihre Kritiker halten Ihnen vor, Sie und Ihre vermögenden Freunde ließen bezahlte Jubelmassen ankarren.

Vargas Llosa: Mumpitz. Wir haben bis ins letzte Indiodorf – daher übrigens die Notwendigkeit der plakativ geschnittenen Sprache – ungewöhnliche Zustimmung. Da bin ich schon bei der zweiten Frage – es geht um Wirtschaft, und es geht um mehr. Der wirtschaftliche Bankrott, zu dem die Politik der jetzigen Regierung geführt hat, ist so evident wie entsetzlich: vierzig Prozent Inflationsrate allein im letzten Monat; sechzig Prozent des gesamten Nationaleinkommens erwirtschaftet durch Schwarzarbeit, die keine Steuern erbringt; das Realeinkommen der Arbeiter und Angestellten ist in den letzten sechs Wochen um ein Drittel gesunken; vierzig Prozent oder mehr Arbeitslosigkeit; achtzehn Milliarden Dollar Auslandsverschuldung, fünf Milliarden Rückstand an Zinstilgung, von Rückzahlung vollkommen zu schweigen.

Und nun gebe ich Ihnen ein eklatantes Beispiel von «Geschäft»: Die Verstaatlichung von Grund und Boden hat dazu geführt, daß Peru Mais und Zucker, Reis und Kartoffeln (die in Peru «erfunden» wurden) *einführen* muß. Die Bauern haben aber begonnen, vorläufig illegal, das Land in Besitz zu nehmen ...

FJR: ... und Koka anzubauen.

Vargas Llosa: Richtig. Und das genau ist mein Beispiel: Wir werden den Koka-Anbau nicht vernichten, die Pflanzen nicht mit Helikoptern vergiften – sondern den Bauern klarmachen, daß sinnvoller ist, was in Chile bereits erfolgreich praktiziert wurde: Ein Hektar Agrarfläche bringt (dem Bauern) bei Koka-Anbau 4000 bis 5000 Dollar; und ein Hektar Agrarfläche bringt bei Anbau von exportfähigen Früchten und Gemüsen das Dreifache! Wir müssen keine neuen Ideologien züchten und keinen neuen Glauben predigen; wir brauchen nur die praktische Vernunft, das ökonomisch Sinnvolle unserer Argumente zu erklären.

FJR: «Maytas Geschichte» als Geschichte des Mario Vargas Llosa? Der Abschied von allen Utopien zugunsten des handfesten Einsetzens des Kapitals? Springt da gleichsam der Held/der Autor aus den eigenen Romanen heraus?

Vargas Llosa: Ich war nie ein autobiographischer Schriftsteller, sondern habe eigene Erfahrungen eingeschmolzen in meine Literatur, wie das – ohne mich zu vergleichen – Tolstoj oder Thomas Mann getan haben. Daher meine ästhetische Theorie, daß Literatur eben keineswegs «die Wahrheit» kündet, sondern Lüge ist – und diese schöne Lüge gelangt zu einer tieferen Wahrheit. So pflichte ich einerseits Carlos Fuentes bei, wenn er einmal sagte, «der lateinamerikanische Roman sagt all das, was Presse und Geschichtsschreibung verschweigen» – aber ich gehe darüber hinaus und sage: Die Lüge, also die Erfindung, die Fiktion, läßt ganz neue Wahrheiten entstehen, diese Lüge namens Literatur macht uns die Armut und Mittelmäßigkeit unserer Existenz bewußt und treibt uns zum Protest und zur Rebellion gegen die Welt, wie sie ist.

FJR: Liegt hier der dialektische Sprung des Künstlers in die Politik?

Vargas Llosa: Da mögen Sie recht haben. Doch ich möchte noch einmal auf «Maytas Geschichte» zurückkommen, weil mir tatsächlich an diesem Buch sehr liegt. Dieser sogar rührende Verfechter einer revolutionären Utopie mit seinem Aufstand in der kleinen Stadt Jauja – wo ich jetzt Wahlreden halte; Sie haben recht: gegen revolutionäre Utopien –, das ist Symbol für den Irrweg einer Generation, die sich in heftigsten Ideologie-Diskussionen zwischen Trotzkismus, Stalinismus und Reformismus zerrieb – und für den Irrweg auch eines Kontinents. Die Idee einer sozialistischen Revolution hat ja tiefe Wurzeln in Lateinamerika. Das hat zu tun mit der messianischen Tradition, die hier seit Jahrhunderten verankert ist, schon unter den spanischen Katholiken. Das hat mit Gläubigkeit zu tun. Und mit einem Glauben können Sie nicht argumentieren. Wir beide kennen uns so lange – Sie wissen, ich gehörte auch mal dazu, wie Sie. Ich war Castro-Anhänger, Marxist, Revolutionär. Doch die Wirklichkeit, die diese Ideen hervorriefen – von den Homosexuellen-KZs in Kuba bis zum Einmarsch der Warschauer-Pakt-Staaten in Prag –, hat mich davon abgebracht. Wir dürfen nicht vergessen, daß selbst der Terrorismus in Peru, der «Leuchtende Pfad», eine Mischung aus Koka-Mafia und politischer Guerilla, die ganze Landstriche Perus kontrolliert und nicht etwa als rächende Hand der Armen Millionäre, sondern zu Dutzenden und Hunderten unbotmäßige Indiobauern ermordet – daß er sich von da herleitet.

FJR: Ich entdecke einen Widerspruch in dem, was Sie sagen und tun. Sie wollen nur die Praxis wirken lassen und wollen doch zugleich – vielleicht auch ein wenig «messianisch»? – Aufklärung predigen. Sie haben sich schon früh von Sartre ab- und Popper zugewandt. Aber der Liberalismus hat doch gar keine intellektuelle Tradition, keine Wurzeln in Lateinamerika? Wenn Sie sich nun heute auf Adam Smith und John Stuart Mill beziehen – sprechen Sie da nicht Blinden von der Farbe?

Vargas Llosa: Touché. Hier – in gewisser Weise sind wir beim Beginn unseres Gesprächs – liegt für mich ein ganz großes Problem.

Es gab die *Ilustrados* des 18. Jahrhunderts, Schüler und Verlängerer der spanischen Aufklärung. Die waren Liberale – aber nur im kulturellen Sinne; weil sie vor allem antiklerikal waren. Es waren keine liberalen Kapitalisten, sondern ökonomische Merkantilisten.

FJR: Und was ist nun Mario Vargas Llosa? Ein Yuppie-Ideologe, wie böse Zungen sagen, ein Thatcherist oder – in deutscher Terminologie – ein Sozialdemokrat?

Vargas Llosa: Alle diese Festlegungen greifen nicht. Ich bin kein Konservativer – konservativ ist heute der Marxist, der einer Philosophie des 19. Jahrhunderts anhängt. Ich bin nicht für das Bestehende, ich will es ja im Gegenteil verändern. Das Bestehende in Peru heißt für fast zwanzig Millionen Menschen Hunger und Elend, tiefste Armut. Ich könnte Sie mit Zahlen eindecken: Die Reallöhne für Arbeiter im öffentlichen Sektor sind bis zu sechzig Prozent gesunken, während die Preise für Lebensmittel um das Vierfache, für Medikamente um das Sechsfache gestiegen sind. In einem halben Jahr haben 200 000 Menschen allein in der Bauindustrie ihre Arbeit verloren. Ich will diese Katastrophe aufhalten. Was nutzen da Etiketten? Was ist das «Sozialistische» an Mitterrand, das «Sozialdemokratische» an González? Mein «Parteiprogramm» finden Sie eher in der Studie von César Rodríguez Rabanal, «Cicatrices de la pobreza» (Narben der Armut), der in den *barriadas*, den Elendsvierteln von Lima, Sprechstunden abhielt. *Da* ist die Realität.

FJR: Die Katastrophe aufhalten können Sie doch wohl nur mit ausländischem Kapital? Wenn Sie das Land allen Investoren öffnen, von Michigan bis Düsseldorf – haben Sie nicht Sorge, als jemand in die Geschichte einzugehen, der Peru einer gigantischen United Fruit Company ausgeliefert hat? Sie kennen ja gewiß die Sottise der spanischen Autorin Maruga Torres, Mario Vargas Llosa sei einmal der Flaubert der peruanischen Literatur gewesen und nun der Julio Iglesias der peruanischen Politik geworden.

Vargas Llosa: Das mag witzig oder weniger witzig sein; es ist ein literarisches Café. Dazu ist jetzt nicht die Zeit. Mir wäre auch lieber, wir beide könnten wie früher in Paris über Roland Barthes oder in New York über Allen Ginsberg plaudern – aber hier kippt ein ganzes, übrigens an Bodenschätzen reiches Land in den Abgrund. Ich holte nur zu gerne ausländisches Kapital als Investition ins Land, und wenn irgendeine United Fruit die Transportwege baute, die wir nicht haben, um unsere möglichen Agrarprodukte zu exportieren – um so besser. Genau deshalb bin ich ja nach Japan, Taiwan, Südkorea und auch in die Bundesrepublik gereist, wo mich übrigens Ihr Kanzler sehr ermutigt hat. Ich sage Ihnen ganz offen: Mir liegt sogar daran, daß Sie das so in der *ZEIT* drucken. Sie haben ja, meiner Erinnerung nach, vor etwa einem Jahr meine Rede vor dem World Economic Forum in Davos gedruckt; vielleicht darf ich daraus ein paar Sätze zitieren: «Es ist eine uralte Geschichte. Auf jedem Südamerikaner lastet eine Tradition, nach der er alles von einer Person, einer Institution oder einem Mythos erwartet, die mächtig und erhaben sind und vor denen er seine staatsbürgerlichen Pflichten ablädt. Diese dominierende Rolle haben in der Vergangenheit grausame Kaiser, Inka-, Maya- oder Aztekengötter, später der spanische König, die Kirche, die brutalen und charismatischen Führer und die politischen Herrscher des 19. Jahrhunderts gespielt. Heute hat der Staat diese Funktion. Jener Staat, dessen Aufbau, Größe und Verhältnis zur bürgerlichen Gesellschaft für mich die fundamentale Ursache ist für unsere wirtschaftliche Unterentwicklung, die im Widerspruch zu unserer politischen Modernisierung steht.» Genau da will ich heraus beziehungsweise hin. Es gibt keine Freiheit in einer Gesellschaft von Hunger, Verbrechen und Elend. Sie selber haben gesehen, wohin staatliche Omnipotenz, ob wirtschaftlicher, moralischer oder politischer Art, in einem Teil Ihres Landes geführt hat; ich bin froh, daß es bald ein vereintes und freies und hoffentlich wirtschaftlich prosperierendes Deutschland gibt. Lassen Sie mir die Hoffnung und geben Sie mir die Chance, ein klein wenig davon für mein Land, für Peru zu erreichen.

«Man lebt immer ‹als ob›»

Gespräch mit Hans Sahl

FJR: Sie haben vor fast drei Jahrzehnten Ihren Beitrag in Hermann Kestens Sammelband «Ich lebe nicht in der Bundesrepublik» mit dem Satz beendet: «Vielleicht werde ich doch noch als ein lebenslänglicher Gast in die Bundesrepublik zurückkehren.» Nun leben Sie hier. Was ist anders?

Hans Sahl: Sie kommen in einem Augenblick zu mir, in dem soeben ein Krieg begonnen hat. Das Meer brennt, die Vernichtungswaffen sind zielbereit aufgestellt. Ein Sechstel der Erde bietet den Anblick von Hunger, Chaos, Hoffnungslosigkeit, als Folge einer Lehre, die den Menschen soziale Gerechtigkeit versprach und eine klassenlose Gesellschaft. Und Sie fragen mich, wie ich Deutschland nach einer Abwesenheit von über fünfzig Jahren Exil finde? Ist das nicht eine Frage von gestern? Aber gut. Ich schrieb damals, daß ich nichts gegen die Bundesrepublik habe. Ich schrieb: «Ich bin ihr nicht gram. Ich teile nicht die allzu berechtigte Emigrantenfurcht, daß die Hand, die ich schüttele, die eines Mörders sein könnte – man kann auch anderswo Mörderhände schütteln, ohne es zu wissen.» Es gab also keine Berührungsangst. Aber ich war durch das Exil ein exterritorialer Mensch geworden, ein Gast in fremden Kulturen, hatte einen Pakt mit der Fremde geschlossen – ein Reisender zwischen Abfahrzeiten.

FJR: Da der Reisende jetzt angekommen ist – was ist fremd, und was ist noch Heimat?

Sahl: Beginnen wir mit der Sprache. Sie wissen, daß ich nie die These vertreten habe, ein Schriftsteller solle dem Volk aufs Maul schauen. Das soll er gerade nicht, und nicht einmal bei Gerhart Hauptmann reden die Leute wie in Wirklichkeit. Vieles, das heute gesprochen wird, ob im Bundestag oder in der Zeitung, scheint einem Fachjargon für Halbgebildete entnommen zu sein, die im zweiten Semester aufgehört haben, Soziologie oder Psychologie zu studieren. Etwa die zu Tode strapazierten «Strukturen» oder die «Denkmodelle», an die man sich halten oder nicht halten soll. Ja, Mißtrauen gegenüber der Sprache, das begann schon, wenn die Eltern sich zankten. Dann, im Ersten Weltkrieg, Siegesfeiern in der Schule, Frontgeist, Verlustlisten, dann der Zusammenbruch. Der große Spracherzieher Karl Kraus, der uns lehrte, die Sprache zu durchschauen, die Lüge, den Mißbrauch der Sprache als ein Instrument der Massenbeherrschung im totalitären Staat. «Umsiedlung» für KZ und «Endlösung» für Auschwitz und so weiter, und so weiter.

FJR: Erster Weltkrieg, Siegesfeiern – darf ich Sie hier unterbrechen und auf etwas zurückkommen, das Sie am Anfang sagten, nämlich, daß ich in einem Augenblick zu Ihnen komme, in dem uns alle der Krieg am Golf beschäftigt. Sie wissen, daß man den Deutschen vorwirft, sie wollten sich heraushalten, daß sie nicht mitmachen, ja, daß sie gegen den Krieg protestieren. Was halten Sie davon?

Sahl: Ich verstehe, daß es junge Menschen gibt, gerade in Deutschland, die den Krieg verabscheuen. Aus guten Gründen. Aber ich erinnere mich auch, daß wir, die wir die Welt vor Hitler warnen wollten, verzweifelten, als 1938 der «Friede von München» ausbrach, was zur Folge hatte, daß der Krieg, der unabwendbar war, nur noch furchtbarer wurde. Vergessen Sie nicht, daß ich einer Generation angehöre, die mit der Parole «Nie wieder Krieg» aufwuchs. Ich war sechzehn Jahre alt, als Kurt Tucholsky, alias Ignaz Wrobel, auf den Stufen des Alten Museums in Berlin, gegenüber dem königlichen Schloß, die Republik ausrief. Ich ging noch zur

Schule, wir gründeten Schülerräte und sagten dem Lehrer, er müsse anklopfen, bevor er ins Klassenzimmer kommt. Es war die Zeit, da man Offizieren auf den Straßen die Achselstücke abriß und Arbeiter auf Lastwagen mit Maschinengewehren und roten Fahnen durch die Stadt fuhren. Neben mir auf der Schulbank saß Hermann Budzislawski, der später im Exil die *Weltbühne* herausgeben sollte und nach dem Krieg in die DDR ging. Er war der erste, der uns von einem gewissen Karl Marx erzählt hatte, den wir unbedingt lesen müßten. Budzislawski trug schon damals eine Nickelbrille, war immer der Erste, was wir ihm verübelten, und behauptete, bei Marx gelesen zu haben, wie Kriege entstehen. Nämlich durch den Kampf der kapitalistischen Mächte um neue Absatzmärkte. Und wenn es keinen Kapitalismus mehr gäbe, dann gäbe es auch keine Kriege mehr. Es war diese Simplifizierung der Geschichte, die dazu führte, daß Menschen der Generation vor mir, die den Krieg an der Front erlebt hatten, über den Pazifismus zum Marxismus und Kommunismus kamen. Was sie jedoch viele Jahre später nicht hinderte, *für* den Krieg gegen Hitler zu sein. Es gibt also so etwas wie einen «gerechten» Krieg. Das Problem ist nur, wer darüber entscheidet, *wann* ein Krieg «gerecht» ist oder nicht. Mit anderen Worten: *wann* in der Geschichte Gewalt angewandt werden muß, um eine größere zu verhindern. Albert Camus hat die Frage aufgeworfen, ob die Französische Revolution die Opfer, die sie kostete, gelohnt hat. Ich glaube, die Frage müßte anders gestellt werden: Lohnt es sich noch, für den Menschen zu sein, nachdem er uns schon so lange enttäuscht hat?

FJR: Lassen Sie mich da einhaken, ich möchte etwas gliedern. Wenn ich das, was Sie schrieben, richtig verstanden habe, war das schmerzliche Erlebnis für Sie nicht nur das Exil, sondern auch der Bruch mit einer Linken, der Sie einmal angehört hatten. Ich möchte mehr hören über jene doppelte Entwurzelung, einer aufgezwungenen und einer freiwilligen, die Sie geprägt hat.

Sahl: Sie wissen bereits, daß ich einer Generation angehöre, die da glaubte, an der Verwirklichung des Sozialismus, zunächst in einem Lande, teilzunehmen. Die Zeit der Russenfilme «Panzerkreuzer Potemkin», «Aufstand der Matrosen von Kronstadt», ekstatische Schreie, die Anthologie expressionistischer Lyrik, «Menschheitsdämmerung», von Kurt Pinthus, Ernst Tollers Stück «Die Wandlung» mit der unvergeßlichen Szene der im Eisenbahnzug an die Front beförderten Soldaten: «Ewig fahren wir, ewig fahren wir.» Wir lasen Lenin und Trotzkij, die Schriften der «Klassiker», um mit Brecht zu sprechen. Später, als wir selber zu schreiben anfingen, versuchten wir das, woran wir glaubten, in die bürgerliche Presse einzuschmuggeln. Wir wurden subversiv und waren stolz darauf. Wir sprachen von «Fortschritt» und meinten die Diktatur des Proletariats. Wir sprachen von einer Gesellschaft, in der es keine «Unterdrückung des Menschen durch den Menschen» mehr geben würde, und schafften im Namen der Toleranz diese ab. Damals begann die große Lüge, die wir für die große Wahrheit hielten. «Wo gehobelt wird, da fallen Späne», das hat dann, viel später, ein anderer Weltverschlechterer, Hermann Göring, als Rechtfertigung für die Untaten der Nazis verkündet.

FJR: Charakteristisch für Ihre Position scheinen mir die Titel, die Sie Ihren Büchern gaben: «Die Wenigen und die Vielen» und «Das Exil im Exil». Da meldet sich einer, der den Widerspruch, die Abweichung, die Verweigerung zum Prinzip erhoben hat, und dies in einem Augenblick, in dem man es sich nicht leisten konnte, in dem es galt, die nackte Haut zu retten, in der Menge zu verschwinden, über Grenzen und Länder hinweg, mitzulaufen mit dem Haufen.

Sahl: Es muß endlich einmal zur Kenntnis genommen werden, auch in der Bundesrepublik, daß es eine nichtmarxistische, antikommunistische Emigration gab. Als seien Nicht-Sozialisten wie

Alfred Döblin, Kommunisten, die mit der Partei gebrochen hatten, wie Gustav Regler (wenig später auch Manès Sperber) oder liberale Konservative wie Leopold Schwarzschild weniger Antifaschisten, weniger Emigranten gewesen als die Kisch, Seghers oder Brecht. Ist der Royalist Joseph Roth weniger Jude, weniger Schriftsteller, weniger antifaschistischer Emigrant als Walter Hasenclever; ist Klaus Mann, oder Hermann Kesten, oder Walter Mehring, unbedeutender als Stephan Hermlin?

FJR: Sie haben damals in Paris, 1937, gemeinsam mit Leopold Schwarzschild, Konrad Heiden, Alfred Döblin, Klaus Mann, Walter Mehring und einem Dutzend anderer Autoren den Verband «Freie Presse und Literatur» gegründet, nachdem auf Weisung von Moskau der «Schutzverband deutscher Schriftsteller im Exil» der Öffentlichkeit mitteilen sollte, Schwarzschild wäre mitsamt seinem «Tagebuch» von Goebbels aufgekauft worden. Was war geschehen? Was hatte das Politbüro veranlaßt, Schwarzschild unschädlich zu machen?

Sahl: Er hatte im Tagebuch den Versuch unternommen, die Moskauer Prozesse als das zu entlarven, was sie wirklich waren: Schauprozesse, mit denen Stalin seine politischen Gegner erledigen wollte. Da mußte etwas geschehen. Der Schutzverband hatte die Unvorsichtigkeit begangen, mich in seinen Vorstand zu wählen, und nun sollte ich eine Erklärung unterschreiben, die bereits von Anna Seghers, Kisch, Sperber und anderen unterschrieben worden war, des Inhalts, daß Schwarzschild und so weiter, und so weiter. Ich machte nicht mit, ich stieg aus. Ich nahm meinen Hut und ging, was zur Folge hatte, daß die Erklärung niemals veröffentlicht werden konnte, da sie laut Statut einstimmig angenommen werden mußte.

FJR: Ich kann mir vorstellen, und das geht ja auch aus Ihren Memoiren hervor, wie schwer es Ihnen gefallen ist, sich von Freunden zu trennen, die Sie schätzten, ja sogar bewunderten, von

Weggenossen... Und da Sie eben Brecht erwähnten: Wie hat er sich damals Ihnen gegenüber verhalten?

Sahl: Er war damals nicht in Paris, sondern in Dänemark. Aber auch wenn er in Paris gewesen wäre, er hätte sich nicht eingemischt. Brecht, nun ja, der große Rattenfänger mit der totalitären Flöte. Er hat die Poesie entpoetisiert, gegen den Strich gebürstet, er hat ihr die Fettaugen abgeschöpft und die Suppe über Nacht in den Kühlschrank gestellt. Er hat uns alle damals fasziniert in den zwanziger Jahren. Seine Verse waren knochig, mager, wie er selber, seine Augen stechend. Er war ein großer Aufklärer, so schien es uns damals. Aber die Zeit hat ihn widerlegt. Er gehörte zu jenen elitären Intellektuellen, die sich proletarisch gebärdeten, um nicht erkannt zu werden, einer von jenen Bürgersöhnen, die nicht müde wurden, sich über ein «Kleinbürgertum» lustig zu machen, das sich sein mühsam erarbeitetes Sparkonto von den Kommissaren des sozialen Fortschritts nicht nehmen lassen wollte.

FJR: Er hat einige der schönsten Gedichte der deutschen Sprache geschrieben. Sein Einfluß ist noch heute spürbar, auch bei Ihnen, vor allem in Ihren frühen Gedichten.

Sahl: Zugegeben. Man mußte durch Brecht hindurch, um Baudelaire und Rilke zu vergessen, und man mußte Brecht vergessen, um zu sich selbst zu kommen. Das habe ich versucht, in eben jenem Chorwerk, «Jemand», das 1938 in Zürich herauskam. Es war zugleich ein Dank und ein Abschied – ein Dank an Brecht und ein Abschied von dem, was er für mich einmal bedeutet hatte.

FJR: Wir sind aus dem Geschichtsabschnitt, für den Hans Sahl der Chronist ist, in die Gegenwart gesprungen – für die Hans Sahl der Zeitgenosse ist. Verzeihen Sie, wenn ich da etwas bohre. Mich interessiert ganz unmittelbar die durch den DDR-Umbruch aktuelle Frage nach diesem seltsamen, schwer zu analysierenden Amalgam aus Gläubigkeit, Feigheit, Anstand, List, Duckmäuserei; ich finde die Grenze zwischen Ehrlichkeit und Mogelei – und zwar intellektuell wie moralisch – oft kaum mehr erkennbar: sei es bei einem Lyriker oder einem Literaturwissenschaftler, einem Romancier oder einem Maler.

Sahl: Es scheint in dieser Debatte über oder gegen die DDR-Intellektuellen wiederum darum zu gehen, eine Schuld zu verdrängen, die nicht zuletzt Teil einer bis heute noch unerforschten politischen Massensuggestion war.

FJR: Aber ist nicht verständlich, daß etwa ein honoriger Mann wie Stefan Heym sich wehrt, auch innerlich aufbäumt dagegen, sein ganzes Leben auf den Sperrmüll zu werfen?

Sahl: Es ist nicht leicht, sich einzugestehen, daß man sein Leben und seine Existenz auf einem Irrtum aufgebaut hat. Noch schwerer, die Konsequenzen aus einer solchen Gewissensbefragung zu ziehen und freiwillig eine Gemeinschaft zu verlassen, die dem einzelnen Schutz vor der individuellen Vereinsamung anbot. Auch viele Linke oder Konservative der öffentlichen Meinung müssen sich heute fragen lassen: Wie kam es, daß man nach 1945 nicht jene Schriftsteller aus dem Exil zurückrief, die den Verlokkungen des Politbüros und den damit verbundenen Massenauflagen widerstanden? Warum fand Alfred Döblins Roman «November 1918» so wenig Echo bei seinem Erscheinen? Lag es vielleicht daran, daß er eine damals nicht erlaubte Kritik an der Linken übte? Warum fand Schwarzschilds Buch über Karl Marx, «Der rote Preuße», so wenig Echo nach dem Ende der Hitler-Herrschaft, wo er doch nicht müde geworden war, die Weltöffentlichkeit früh zu warnen? Warum starb Walter Mehring, dieser geistvollste unter den Sängern einer sterbenden Republik, diese apokalyptische Spitzmaus mit den spitzen, unerbittlichen Zähnen, beinahe anonym in einem Züricher Altersheim?

FJR: Einspruch, Euer Ehren. Das war bestimmt nicht das Werk einer linken Kamarilla – es gab aus vielen Gründen keine Leser-

Akzeptanz. Ich war selber in einem großen Verlag verantwortlich für solche gescheiterten Versuche: ob Traven oder Kisch, Anna Seghers oder Heinrich Mann, Mehring oder Walter Hasenclever... Wir druckten es, aber niemand kaufte es. – Ich möchte hier auch, vielleicht vor allem mich selber, vor einer Art posttotalitärem Hochmut warnen. Nicht nur abstrakt «der Kommunismus», auch konkret «die Kommunisten» hatten schließlich ein historisches Recht auf ihrer Seite. Die Neigung, nicht nur das Kind mit dem Bade auszuschütten, sondern gleich gar kein Kind reinzusetzen, ist mir fatal. Deswegen habe ich auch Schwierigkeiten mit Ihrem – etwas nach «Auserwähltsein» klingenden – Begriff «die Wenigen und die Vielen». Die Wenigen sind doch immer Teil der Vielen. Wer sind denn die – etwa schuldlosen? – Wenigen?

Sahl: Die Wenigen, entschuldigen Sie, sind eben die, die aus irgendeinem Vorstand ausgetreten sind, die Wenigen sind eben die, die gesehen haben, die Vorteile, die ich hatte, auch der Profit, ich gebe sie preis, weil ich eingesehen habe, es ist ein falscher Weg gewesen. Das sind die Wenigen. Die Vielen würden sagen: Okay, ich mache mit, ich muß ja, es geht ja nicht anders. Es kommt eben immer nur auf die Wenigen an.

FJR: Ist es nicht dennoch verständlich, daß manch einer von den Vielen es nicht vermag, sich öffentlich bloßzustellen, anzuklagen, zu verteidigen? Vor Jahren saß einer der prominentesten Schriftsteller der DDR bei mir und sagte: «Das ist nicht mehr meine Partei.» Er blieb dennoch drin – und würde dasselbe heute, öffentlich, um keinen Preis sagen. Ich schwanke da selber – mal finde ich das anständig, mal verlogen. So verstehe ich Stefan Heyms Trotz-Plädoyer für irgendeinen besseren Sozialismus nicht – habe aber zugleich Respekt vor seiner Integrität.

Sahl: Ja. Ich gebe Ihnen zwei andere Beispiele: Daß Stephan Hermlin einen Brief an Honecker geschrieben hat, beinahe würde ich sagen: als Kavalier, eine Geste gegenüber dem Gefallenen, schätze ich. *Socialism begins at home* – das ist eine mitmenschliche Geste. Honecker hat nicht mehr die Macht. Also, der Brief ist ein persönliches Bekenntnis zu einem Menschen, dem es sehr, sehr schlecht geht. Das finde ich eigentlich sehr schön. Oder nehmen wir Hans Mayer, den Literaturkritiker. Er hat öffentlich geschrieben: Ich bin noch Marxist. Das finde ich anständig, daß er den Mut hat zu sagen, ich stehe dazu. Obwohl ich gar nicht übereinstimme mit ihm. Worauf es mir ankommt, ist die Identität von Werk und Autor. Das halte ich für sehr wichtig, daß sie zusammenbleiben.

FJR: Ist das nicht ein bißchen sehr ideal, wenn nicht idealistisch? Wir kennen ja genug Beispiele aus der gesamten Weltkultur, wo Werk und Person weit auseinanderklaffen. Picasso war gewiß kein Liebchen, und Brecht war sogar ziemlich mies. Die Reihe wäre lang.

Sahl: Nein, so einfach ist es nicht.

FJR: Und die Bilder von Picasso?

Sahl: Von einem bestimmten Moment an interessieren mich auch die Bilder nicht mehr. In dem Augenblick, wo ein Sechstel der Erde verhungert, in Trümmern liegt, wo der Mensch zu Ende geht – die schönen Bilder interessieren mich nicht mehr. Ich bin daran interessiert, daß die Menschen am Leben bleiben. Ich habe das Recht zu sagen, ich will die Schönheit Picassos nicht mehr, wenn er das Elend mitverursacht hat. Was interessieren mich die angeblich schönen Gedichte von Brecht noch angesichts der Verbrechen in der DDR, die er mitdekorierte. Nein, es geht wirklich jetzt um das Letzte. Ich verzichte auf die schönen Gedichte. Ich verzichte auf die Gerechtigkeit in diesem Sinne, das ist keine Gerechtigkeit mehr, daß wir auf Kosten der Armen und der Beschädigten und der Vergewaltigten wegsehen und uns erbauen. Die Bilder können mir gestohlen bleiben. Ich möchte, daß einer ein

Buch nimmt und sagt, es hilft mir zu überleben, das ist wichtiger als die Schönheit der Farben und Worte.

FJR: Wenn Sie sich selber beim Wort nehmen mit Ihren Gedichtzeilen «... überprüfe die Dringlichkeit / des Überlebenmüssens, / die Frist, die mir noch bleibt» und wenn Sie Ihr Gedicht «Exil» auf den Hans Sahl von heute münzen: «Es ist so gar nichts mehr dazu zu sagen. / Der Staub verweht. / Ich habe meinen Kragen hochgeschlagen. / Es ist schon spät. // Die Winde kreischt. Sie haben ihn begraben. / Es ist so gar nichts mehr dazu zu sagen. / Zu spät.» – stellen Sie sich dann selber in Frage? Eines Ihrer Lieblingsmotti stammt von Montaigne: «Se méfier, c'est l'essence de la liberté.» Also, wo hält nun Hans Sahl heute als nicht mehr ganz junger Mann?

Sahl: Als ganz alter Mann. Ich stelle mich nicht in Frage. Sondern ich erlebe das Seltsame, obwohl ich das nie wollte, daß ich schon Beispiel geworden bin für junge Leute. Das ist das Interessante, daß erstaunlicherweise junge Leute zu mir kommen und Antwort suchen.

FJR: Bloß was geben Sie ihnen für eine Antwort, Sie wissen sie doch selber nicht?

Sahl: Doch.

FJR: Welche?

Sahl: Ja, ich kann jetzt nicht sagen, wie lange der Mensch existieren wird, das kann ich nicht wissen. Aber ich gebe ihnen die Antwort: keinen Ideologien vertrauen, keine Heilslehren. Geduld mit den Mitmenschen. Keine Rezepte, sondern selbst überprüfen, Schritt für Schritt. Hans Jonas...

FJR: Das Prinzip Verantwortung?

Sahl: Ja, das Prinzip Verantwortung: Jeder einzelne ist verantwortlich für die Welt in jedem Augenblick.

FJR: Diesem Appell liegt natürlich zugrunde ein gewisser Glaube daran, daß der Mensch doch ein vernunftbegabtes Wesen ist. Andererseits zieht sich durch Ihr Werk – ob Essays, Gedichte, Romane, Memoiren – ein schwarzer Faden des Pessimismus; den Satz «Etwas stimmt nicht mit den Menschen, bei der Evolution der Arten sind der Schöpfung einige schwerwiegende Konstruktionsfehler unterlaufen» finde ich in allen Ihren Büchern vielfach variiert.

Sahl: Ich habe oft gesagt: Der Mensch kann nicht das Endziel der Schöpfung sein. Es stimmt – ich war stets sehr pessimistisch hinsichtlich des Menschen.

FJR: Schwer zu lösender Widerspruch: Einerseits sind Sie pessimistisch, andererseits: der Mensch zwar kein Vernunftwesen, aber lernfähig?

Sahl: Es ist kein Triumph für mich zu sagen, der Mensch ist am Ende.

FJR: Triumph vielleicht nicht. Bitteres Resümee?

Sahl: Es ist nicht so, daß ich glaube, die Vernunft wird die Welt retten. Nein, im Gegenteil, der Mensch hat es versucht – die Jahrhunderte hindurch; und es ist mißlungen. Aber immer wieder wurde der Versuch unternommen; aufs neue – mißlungen, aufs neue – mißlungen. Mit dem Endergebnis, daß heute Millionen Abels erschlagen werden und immer nur im Namen eines Gottes oder eines Propheten oder einer «Weltanschauung».

FJR: Sie waren für die Wenigen, könnte es nicht doch sein, daß Sie die Vielen retten werden?

Sahl: Ich habe soeben die Aufsätze von zwei Autoren gelesen, die mich tief beeindruckten: Wolf Biermanns verzweifelt unpopuläres Plädoyer für den Krieg im Hinblick auf ein wieder vom Gastod bedrohtes Israel und Hans Magnus Enzensbergers Beitrag im *Spiegel*, der die Wiederholbarkeit eines atomaren Anschlags auf die Welt, möglicherweise von einem Wahnsinnigen, ins Auge faßt, dazu einige neue, fast wortlose Gedichte von ihm, in denen die Ohnmacht und Vergeblichkeit unseres Tuns und Lassens in dieser Zeit angesprochen wird. Biermann und Enzensberger, beide, haben jeden Provinzialismus, in dem unser Geistesleben zu versinken drohte, durchbrochen. Sie ließen etwas von jener Endzeitstimmung ahnen, derer wir uns aus Gründen der Selbsterhaltung zu erwehren versuchen. Sind wir wieder dort angelangt, wo vor dreihundert Jahren der große Thomas Hobbes endete, als er in seinem «Leviathan» den Satz niederschrieb: «Der Mensch ist des Menschen Wolf»? Hobbes war ein furchtsamer Mann, er sah in jedem andern bereits einen, seinen, potentiellen Mörder. Er nahm bereits Nietzsche und Darwin und Freud vorweg, indem er den Menschen als ein von unkontrollierten Trieben, von Habsucht, Machtgier, unbefriedigten Begierden beherrschtes Geschöpf definierte und die Menschheit selber als einen «Krieg aller gegen alle». Was ihm statt dessen vorschwebte, war ein Staat, der die Menschen davor bewahren sollte, einander umzubringen, ein Ideal, das jedoch in unserem Zeitalter der Verfolgung und Vernichtung des Menschen durch den totalitären Staat aufs grausamste widerlegt werden sollte. Hobbes war ein friedliebender Mensch, der in eine Zeit des Schreckens, der Bürger- und Religionskriege hineingeboren wurde. Nachts, wenn er im Bett lag, hinter fest verriegelten Türen, hörte man ihn laut vor sich hin singen.

FJR: Warum sang Thomas Hobbes? Was meinen Sie?

Sahl: Er sang, um zu sagen: Ich lebe noch, ich bin noch da. Und solange ich lebe, wird es Mord und Irrtum und Niedertracht geben, aber ich werde nicht aufhören zu singen.

FJR: Selbst Ihre Negativbefunde haben noch einen Appellcharakter. Also hoffen ohne Hoffnung? Singen, obwohl kaum noch jemand zuhört? Weitermachen, in Bitterkeit? Das klingt nach «leben als ob».

Sahl: Man lebt immer «als ob».

«Ich kann doch nicht mein Leben wegwerfen»

Gespräch mit Stefan Heym

FJR: Ich lese und höre von Ihnen immer mal wieder, es sei zwar das, was in der DDR passiert ist, verrottet gewesen; die Regierung mindestens, die Partei gewiß, die Staatssicherheit ohnehin. Aber das sei eben nicht Sozialismus gewesen. Es scheint, daß Sie nach wie vor die Idee, wenn nicht gar ein Konzept haben von einem, ja wie nun benannten: «humanen» oder «freien» oder «menschlichen» oder «eigentlichen» Sozialismus. Gestatten Sie mir, einen der renommiertesten französischen Historiker, Le Roy Ladurie, zu zitieren. Er antwortete auf die Frage, was vom Kommunismus bleibe: «Insgesamt gesehen, glaube ich, ist die Bilanz gleich null, sogar negativ.»

Stefan Heym: Sie haben das Wort Idee benutzt, ich möchte das Wort Traum benutzen. Das ist ein ganz großer Traum der Menschheit gewesen, und ich glaube, daß man ihn doch nicht so ohne weiteres aufgeben soll, nur weil diese erste Realisierung, die versucht worden ist, nach immerhin – wie lange ist es her? Siebzig Jahre?

FJR: Datieren wir bis Marx zurück, dann ist es sogar länger her.

Heym: Bloß, die haben es ja noch nicht praktisch probiert, außer die paar Wochen in Paris. Also, das praktische Experiment begann mit Lenin und ist schiefgelaufen. Man muß sich fragen, ob das schon an Lenin gelegen hat oder ob es an Marx gelegen hat oder ob es an der Menschheit gelegen hat: daß der Mensch also dafür nicht geeignet war. Ich glaube, daß ein Sozialismus möglich ist, ein demokratischer oder, wie Dubček das genannt hat, ein Sozialismus mit menschlichem Antlitz. Sie werden mich nicht dazu kriegen, daß ich hier sage: Ach, der Kapitalismus ist so schön, und also mit fliegenden Fahnen dorthin.

FJR: Ich will den Kapitalismus nicht als das einzig heilsbringende Gegenmodell ausrufen. Ich will über das Hauptprinzip nachdenken: Ist es richtig – oder nicht doch sehr inkonsequent –, weiter diesem, Sie sagen: Traum nachzuhängen? Muß man nicht eher umgekehrt Schopenhauer statt Dubček folgen: Der Mensch ist nicht paradiesfähig, man kann ihn auch nicht in ein Paradies hineinzwingen.

Heym: Das sind zwei verschiedene Dinge. Einmal 1968: Man kann die Frage stellen: Was wäre geschehen, wenn die Kerle nicht einmarschiert wären in der Tschechoslowakei? Dann hätten wir wenigstens den Versuch machen können, diesen Sozialismus mit dem menschlichen Antlitz mal sich entwickeln zu lassen. Es gibt keinen Beweis dafür, daß es nichts geworden wäre. Die Tschechoslowakei war ein industrialisiertes Land, und zweifellos wäre hier die DDR, wenn Ulbricht das nicht gestoppt hätte, mitgegangen. Dann hätte man gesehen, was sich ergibt.

FJR: Wie sieht ein Sozialismus mit menschlichem Antlitz aus?

Heym: Da gibt es keine Muster, wir hätten probieren müssen, wie man das macht: Demokratie und sozialistische Wirtschaftsform. Das ist das eine. Das andere ist die These oder Behauptung oder Frage: Ist der Mensch überhaupt ungeeignet für eine Ordnung, die sich darauf verläßt, daß der Mensch mehr als ein Vieh ist, das sich nur den eigenen Bauch vollschlagen will? Ist der Mensch a priori so ein Miesnik, dann ist natürlich jeder Versuch verlorene Liebesmüh, ihn zu etwas Besserem zu machen. Aber es gibt ja in der Weltgeschichte auch Leute, die durch ihr Leben bewiesen haben, daß es möglich wäre, vielleicht nicht nur Egoist zu sein.

FJR: Zum Beispiel?

Heym: Nehmen wir doch den alten Jesus. Aber es gibt auch andere, Leute, die sich haben verbrennen lassen für ihr Ideal.

FJR: Woher nehmen Sie für sich diese, ich will nicht sagen: Sicherheit, aber doch diese Rest-Hoffnung, daß vielleicht der Mensch nicht der Schopenhauersche Mensch, des Menschen Wolf ist, sondern daß da doch die Fähigkeit zum Besseren, zur Entwicklung, zu einem Humanum ist?

Heym: Das werde ich Ihnen genau sagen: Weil die anderen so mies sind. Die nämlich nur an den Egoismus glauben; die glauben, daß sie nur sich selber sehen müssen, und alles andere sei Nonsens. Ich glaube nicht, daß die recht behalten werden.

FJR: Wenn man an unser Metier, an Schriftsteller denkt, waren sie nicht immer nur mies. Zwei Beispiele: Kafka oder Beckett waren sicherlich Autoren ohne jede Hoffnung und ohne jede Utopie und haben gleichzeitig ein in Wahrheit ungeheuer exakt realistisches Bild des Menschen gezeichnet. Man muß nicht mies sein, wenn man an die Weiterentwicklung des Menschen nicht glaubt.

Heym: Nein, hier bringen Sie etwas durcheinander. Diese Leute, die Sie gerade genannt haben, Kafka und Beckett, Joyce und viele – schon die Darstellung des Menschen, die sie geben, ist ja etwas (ich weiß nicht, ob sie das beabsichtigt haben, aber das kommt dabei heraus), ist ja etwas Veränderndes.

FJR: Das Werk selber ist die Utopie?

Heym: Ist nicht die Utopie, aber das Werk selber ist eine Anregung zum Denken. Und in dem Moment, wo ich den Menschen zum Denken anrege, verändere ich ihn schon, und zwar in einer sagen wir mal sozialen und sozialistischen oder wie auch immer Richtung. Ein denkender Mensch ist nicht dieser Miesnik, von dem wir vorher gesprochen haben.

FJR: Die Praxis, das Resultat, widerspricht dem. Selbst die Französische Revolution, an die sich unsereins immer geklammert hat, grimassiert inzwischen. Wir haben gesagt: Immerhin, es gibt einen Fortschritt in der Geschichte. Man kann aber auch sagen: Nein, die Französische Revolution ist keineswegs Beispiel für positive Veränderung, denn nach der Revolution kam die *terreur*, und letzten Endes kam Auschwitz – und Gulag auch. Also, wo ist der Mensch denn wahrnehmbar verbessert worden durch die Ideenstifter, seien es Christus oder damit verglichen kleinere Anschubgeber wie Kafka oder Beckett? Wir sitzen doch eigentlich vor einem totalen Debakel.

Heym: Richtig. Aber selbst in diesen Scherben ist noch ein gewisses Material, womit man sich beschäftigen kann. Das ist das eine. Und das andere: Die Verhältnisse, aus denen die hier gewünschten Veränderungen hervorgehen sollen, sind ja geblieben. Kaputt gegangen ist der real existierende Sozialismus – und ich freue mich immer, daß das Wort «real existierend» existiert, denn das bedeutet, daß die Idee selber nicht das ist, was da war. Aber was geblieben ist, sind die Widersprüche, die im Kapitalismus immer waren: Oben und Unten, die Mächtigen und die der Macht Ausgelieferten. Im Wirtschaftlichen sowieso, Sie brauchen sich doch dieses Land nur anzusehen, besonders hier in seinem östlichen Drittel, um zu merken, wie scharf und wie tragisch all das ist und wie es danach schreit, daß wir nun uns endlich mal überlegen: Was ist die Alternative?

FJR: Wie könnte die Alternative aussehen? Man kennt ja auf der Welt kein irgendwie funktionierendes Gegenmodell, nicht China mit 250 Millionen Arbeitslosen, nicht Kuba, das ruinös auf Pump gelebt hat.

Heym: Das ist richtig. Aber 1917 hat man auch kein Gegenmodell gekannt, man hat es trotzdem versucht. Ich weiß nicht, vielleicht müßte man sich überlegen, wie man es richtig machen *könnte*. Es war ja sehr interessant damals, kurz nach der Wende, da haben wir, die Christa Wolf und ich und noch ein paar der Art, diesen Aufruf gemacht.

FJR: Diesen heute schon absurd klingenden Aufruf vom Dezember 1989, in dem es hieß: «Entweder können wir auf der Eigenständigkeit der DDR bestehen und versuchen, mit allen unseren Kräften und in Zusammenarbeit mit denjenigen Staaten und Interessengruppen, die dazu bereit sind, in unserem Land eine solidarische Gesellschaft zu entwickeln, in der Frieden und soziale Gerechtigkeit, Freiheit des einzelnen, Freizügigkeit aller und die Bewahrung der Umwelt gewährleistet sind. Oder wir müssen dulden, daß, veranlaßt durch starke ökonomische Zwänge und durch unzumutbare Bedingungen, an die einflußreiche Kreise aus Wirtschaft und Politik in der Bundesrepublik ihre Hilfe für die DDR knüpfen, ein Ausverkauf unserer materiellen und moralischen Werte beginnt und über kurz oder lang die Deutsche Demokratische Republik durch die Bundesrepublik Deutschland vereinnahmt wird.»

Heym: Ich bin zu der Sache gekommen wie die Jungfrau zum Kinde.

FJR: Aber Sie halten das Kind.

Heym: Ich habe das Kind gehalten, und als es dann in die Windel kackte, habe ich es auch noch saubergemacht. Und heute sage ich mir: Vielleicht war es doch richtig. Vielleicht war es doch richtig.

FJR: Warum? Welche materiellen und moralischen Werte der DDR waren erhaltenswert?

Heym: Weil – es wird sich herausstellen, daß die Alternative hätte gehalten werden müssen. Denn was jetzt hier passiert in diesem Lande, führt Leute in die Verzweiflung, darum sind sie so passiv, so lethargisch. Was sollen sie denn machen, wenn sie wieder eins aufs Dach kriegen, wenn sie rausfliegen aus ihrem Job und und und? Es ist keine Alternative da. Damals haben mir die Menschen Briefe geschrieben, haben mich angerufen und haben gesagt: Herr Heym, Sie wissen genau, wie sehr wir Sie schätzen, aber Sie können von uns nicht erwarten, daß wir nach vierzig Jahren Experiment nun noch mehr Experiment machen. Das habe ich verstanden. Und da habe ich meine Hörner eingezogen und habe gesagt: Leute, ihr habt recht, ich kann es von euch nicht erwarten. Geht jetzt hin zu Woolworth und zu Aldi und amüsiert euch.

FJR: Jens Reich hat mir vor kurzem, als ich ihm dieselbe Frage, was denn erhaltenswert gewesen wäre, stellte, mit einem einzigen Wort geantwortet: nichts. Was würden Sie diesem «Nichts» entgegensetzen?

Heym: Na, zunächst mal das Land selber. Zunächst mal dieses Gebiet mit den Menschen.

FJR: Das Gebiet ist ja nicht nichterhalten, das ist ja weiter da.

Heym: Ja, aber es ist Teil von dem anderen geworden. Hier können wir nichts Separates, nichts Neues mehr machen.

FJR: Dann meinen Sie doch den Staat.

Heym: Ich kenne diesen unerhörten Wirrwarr auf der Linken, dieser heimatlosen, armseligen Linken, und habe mich oft genug darüber lustig gemacht. Aber doch, irgendwas muß ja herauskommen aus der gegenwärtigen Bredouille, aus dem, was jetzt ist. Denn natürlich ist dieser Kapitalismus viel, viel produktiver als alles andere gewesen, nach wie vor. Aber wenn man bedenkt, was er alles nicht versorgt oder schlecht versorgt und was für fürchterliche Dinge unter seiner Ägide vor sich gehen, dann muß man schon sagen: Ändern muß man. Die Frage ist, in welche Richtung. All das ist in diesen zwei Jahren, nach dem Oktober 89, noch nicht klar.

FJR: Läuft das nicht hinaus auf einen sozial kontrollierten Kapitalismus, auf ein fast sozialdemokratisches, gar auch liberales Modell?

Heym: Ich möchte das haben, worüber ich mich früher lustig gemacht habe, weil das nämlich das war, was die DDR-Bevölkerung immer wollte: Die wollten haben auf der einen Seite das KaDeWe und auf der anderen Seite die sozialen Vorteile der DDR. Und genau das ist ja richtig! Die Leute haben doch völlig recht gehabt, wenn sie das gefordert haben.

FJR: Fordern kann man natürlich alles.

Heym: Aber mir schwebt nun ein System vor, das dieses beides gibt und die Demokratie dazu. Also demokratisch, sozial und produktiv, so daß die Leute auch gut leben können.

FJR: Jetzt haben Sie aber ein anderes Wort gebraucht, Sie haben nicht mehr sozialistisch gesagt.

Heym: Nein, das habe ich nicht gesagt. Aber das Ganze, diese «Dreieinigkeit», das würde ich als Sozialismus bezeichnen, weil das Gesellschaftliche das Hauptelement ist. Der Privatprofit ist dabei, als Ansporn zur Produktion. Ich habe nichts dagegen einzuwenden, daß ein tüchtiger Chef, dem sein Laden gehört und der aufpaßt, daß es auch funktioniert, entsprechend verdient und Profite macht. Da bin ich ja dafür, soll er doch.

FJR: Kein sehr sozialistischer Traum. Was Sie jetzt formuliert haben, würde sogar Norbert Blüm unterschreiben.

Heym: Ich bin ja auch durchaus dafür, mich mit diesen Leuten zu verbünden. Mit Blüm könnte ich es mir ganz spaßig vorstellen; wenn ich mit dem zusammensäße, könnte man einige Sachen bereden. Überhaupt gibt es da Leute, die ich für recht vernünftig halte.

FJR: Ein anderes Thema. Was läuft in Ihnen ab, wenn Sie sich fragen: Was war eigentlich hier mit den Menschen, den Intellektuellen los? Wie konnte es denn sein, daß so viele einerseits honorige Autoren, Maler, Komponisten, Theaterleute, gleichzeitig das aßen, was Czeslaw Milosz «Murti Bing» nennt, also die Droge des gläubigen Wegsehens und Weghörens, des Schweigens, der Feigheit, des Mitmachens? Das ist doch nach wie vor eine sehr rätselhafte moralische Position. Sie waren meinetwegen genial, und sie sind, glaube ich, schuldig geworden durch Schweigen.

Heym: Ich rede mal nicht von mir, denn ich habe ja nicht geschwiegen. Ich rede von anderen, bei denen ich weiß, daß sie zu gewissen Zeiten geschwiegen haben. Nehmen wir Brecht.

Sie müssen bedenken, daß dic alle, auch ich, aus einer Zeit kommen, wo es einen Gegner gab, der unter allen Umständen geschlagen werden mußte.

FJR: Der Faschismus – einverstanden.

Heym: Und da konnte man sich nur verbünden mit allen, mit denen es sich verbünden ließ, und wenn es selbst der Teufel war. Und wenn man wußte, was Stalin für ein Schurke war – ich habe das in vollem Maße keineswegs gewußt –, so war es doch notwendig, sich mit diesem Lande, mit diesem Staat, mit dieser Armee zu verbünden. Bis dann – bei mir kam 68 der Punkt, wo ich sagte, so geht es nun nicht weiter, jetzt muß man wirklich sich überlegen, wie man dagegen schreibt, dagegen spricht, und da habe ich dann angefangen – aber vorher auch schon. Ich habe angefangen schon hier in der frühen DDR, wo mir das alles dann 51/52 durch den 17. Juni auch klarwurde, in einem ersten Versuch, die vorhandenen Verhältnisse hier zu verändern. Ich habe Korrekturen vorgeschlagen.

FJR: Korrekturen, wie Sie selber sagen. Also für das Bestehende.

Heym: Ja, bis 68 waren es Korrekturen.

FJR: Wie seltsam. Der junge Stefan Heym, der in Amerika lebte, also informiert war, kannte mindestens doch zum Beispiel die Stalin-Prozesse 1935.

Heym: Ich habe Zweifel gehabt. Aber ich habe mir gesagt, ich kann mich auch täuschen, und vielleicht ist es wirklich so. Und weiß der Kuckuck, was mit Leuten passiert, die an der Macht sind, die ehrgeizig sind und die Macht also selber übernehmen wollen, mit wem sie sich verbünden. Ich konnte mir nicht vorstellen, daß das in den Prozessen alles Lügen, Fälschungen waren. Besonders deshalb nicht, weil die Leute, die ich in erster Linie bekämpfte, die Nazis, genau das gesagt haben. Und wenn die sagten, das ist eine Lüge, dann schloß ich daraus, daß es wahr sein muß. Verstehen Sie, was da im Kopf eines Menschen vorgeht?

FJR: Bis 68 ist ein langer Sprung. Bleiben wir mal bei einer Figur wie Brecht. Brecht mußte doch sehen, was in diesem Land passierte, da war der antifaschistische Kampf vorbei, das Bündnis gegen den Faschismus hatte gesiegt, Faschismus gab es nicht mehr. Wie konnte ein Brecht zusehen, daß aus seinem Berliner Ensemble heraus ein junger Assistent namens Horst Bienek verhaftet und für zwanzig Jahre nach Workuta verfrachtet wird? Und er schweigt. Denken Sie an Leo Bauer: All die Kollegen, die vorher beim Intendanten Leo Bauer am Funk ihr Geld verdient hatten, haben die Klappe gehalten, als er im Lager verschwand. Was war mit Ihnen?

Heym: Ich habe einen ganzen Roman darüber geschrieben, «Collin».

FJR: Wir haben alle immer geglaubt, Katyn war ein Verbrechen der Nazis. Jetzt wissen wir, es war eines von denen, mit denen – ich sage jetzt: Sie, Ihre Generation alliiert war, also mit der Roten Armee. Es war die Rote Armee, die die Elite der polnischen Armee und des Offizierskorps ermordet hat. Was passiert in jemandem, der so lange sich mit denen alliiert gefühlt hat, wie Sie eben sagten, bis 68?

Heym: Das ist eine sehr interessante und wichtige Frage. Was da bei mir passiert ist: ein Widerwillen gegen diese Art von Verhalten. Daß das gemacht wurde von den Leuten, von denen ich geglaubt habe, daß sie edel sind und anständig und gut...

FJR: Und uns den Hitler von der Hacke geschafft haben.

Heym: Das zeigt den unerhörten Widerspruch, vor dem wir alle stehen. Ich habe daraus die Konsequenz gezogen und habe in diesen ganzen Jahren in der DDR versucht zu sagen, was zu sagen war, sobald ich es erkannt hatte. Ich habe gerade über das Problem des Schweigens einen ganzen Roman geschrieben, eben den «Collin».

FJR: Aber das muß doch auch ein Leid sein. Ich kann mir nicht vorstellen, daß man davon nicht nahezu zerrissen wird. Wir wissen ja, was es heißt, jüdisch zu sein; und dann antisemitische Prozesse, den Slánský-Prozeß, die Ärzte-Prozesse in Moskau, das waren Prozesse sozusagen gegen Sie, Sie waren doch Teil dieser Prozesse, auch wenn Sie – zufällig, sage ich mal – nicht mit verurteilt waren. Ist da nicht auch Haß in Ihnen entstanden, Ekel?

Heym: Das ist etwas Fürchterliches, was da gewesen ist, und es kommen auch Nächte, wo mich das plagt. Die einzige Art, wie man damit fertig wird, ist die, die ich gewählt habe, nämlich mir zu überlegen, wie ist sowas zustande gekommen, wie kann man das darstellen als Schriftsteller, und was kann man dagegen unternehmen, daß es nie wiederkommt. Und dieses Etwas-dagegen-Unternehmen bedeutet natürlich, daß man sich erst einmal diese Analysen macht, erst einmal schreibt, erst einmal darstellt, was sind das für Menschen. Wenn das der real existierende Sozialismus ist, Gott verflucht noch mal, dann hat er verdient, zugrunde zu gehen.

FJR: Ist ein Bruch denn für Sie nie denkbar gewesen? Wie war Ihr Verhältnis gegenüber Leuten, die sehr früh eine andere Konsequenz gezogen haben? Die gesagt haben, ich kann da in einem solchen Unheilssystem nicht mehr reformerisch oder per Korrektur-Anmeldung tätig sein: Ich, Manès Sperber; Ich, Ignazio Silone; Ich, Arthur Koestler; Ich, Hans Sahl. Emigranten, Antifaschisten, die dennoch diesen Pakt aufgekündigt haben... Das sind ja auch immerhin denkbare Verhaltensweisen. Das war für Sie aber offenbar nie eine Versuchung?

Heym: Nein, das war keine Versuchung.

FJR: Warum nicht?

Heym: Das war die Hitler-Zeit.

FJR: Die waren aber auch Antifaschisten, die waren ja deswegen keine Faschisten.

Heym: Ja, aber ich muß ja doch nicht nachmachen, was Hans Sahl...

FJR: Nein, nicht nachmachen, aber man kann ja eine ähnliche eigene Entscheidung treffen.

Heym: Ich war damals ja noch relativ jung, und wie gesagt, meine Vorbilder waren das nicht. Meine Vorbilder waren ganz andere Leute. Das war ja auch trotz aller Scheußlichkeiten eine attraktive Sache, der Kommunismus und Sozialismus. Sehen Sie, in der Französischen Revolution hat es Robespierre gegeben, Saint-Just und all diese Schaurigkeiten, die die getrieben haben. Und auch Napoleon war kein Engel. Und trotzdem haben sie die Hauptideen der Französischen Revolution durchgeführt.

FJR: Ein schwieriges Geschichtsbild. Das läuft auf das schreckliche Wort hinaus «Wo gehobelt wird, fallen Späne».

Heym: Ja natürlich, das habe ich mir damals auch manchmal gedacht.

FJR: Wie lange darf man das?

Heym: Ich weiß nicht, wie lange man das darf.

FJR: Oder: Wie lange kann man das?

Heym: Man hat ja versucht, mich in einen solchen Span zu verwandeln, das war aber zu einer Zeit, als ich mich wehren konnte, andere konnten es nicht und sind also Hobelspäne geworden, Gott helfe ihnen. Das ist alles sehr tragisch... Aber wissen Sie, jede Entwicklung dieser Art in der Geschichte bringt ihre Tragödien – ob diese Tragödie nun Auschwitz und der Gasofen ist oder Katyn oder irgend etwas. Ich habe einfach Glück gehabt, und Sie auch, nehme ich an.

FJR: Ich habe persönlich Glück gehabt.

Heym: Ich auch, ich habe überlebt. Ich bin zu einer Zeit geboren und in einer Zeit in diese und jene Jahre gekommen, wo man überleben konnte.

FJR: Ich will auf etwas anderes hinaus, auf Sie, Stefan Heym. Haben Sie sich in einer bestimmten Phase Ihres Lebens, sagen wir mal in der Zeit bis 68, auch blind gemacht? Erinnere ich mich falsch, daß es von Ihnen ein Reportagebuch aus der Sowjetunion gab...

Heym: Ja, Sie erinnern sich ganz richtig.

FJR: ... in dem Sie sagten, ich habe keine Lager gesehen – so ähnlich...

Heym: Das war eine Verzweiflungstat. Ich habe geglaubt, was die mir gesagt haben. Wenn mir einer im Justizministerium in der Sowjetunion erklärt: «Nein, wir haben keine Straflager», und der sitzt da und blickt mir ins Auge... Ich habe dem Kerl geglaubt und habe das auch geschrieben.

FJR: Es muß doch in einem Menschen irgendwann ein Riß aufspalten, eine schreckliche Sache passieren. Ich erinnere mich an ein früheres Gespräch mit Ihnen, wo wir ohne Tonband hier saßen, Sie waren sehr aufgeregt und sagten: Raddatz, quälen Sie mich nicht weiter, ich kann nicht mein ganzes Leben wegwerfen. Das war ein Satz, den ich nie vergessen habe und den ich ungeheuer berührend fand. Dennoch, entschuldigen Sie, daß ich darauf jetzt zurückkomme...

Heym: Habe ich das gesagt?

FJR: Das haben Sie gesagt.

Heym: Das habe ich sehr schön gesagt.

FJR: Es war – der Chanukka-Leuchter hinter Ihnen – eine sehr berührende Szene. Dennoch insistiere ich jetzt und sage, gut, ich respektiere natürlich so einen Satz, wie Sie merken. Gleichzeitig frage ich: Natürlich kann jemand nicht sein ganzes eigenes Leben, seine eigene Biographie, seine Träume wegwerfen. Aber es muß doch in Ihnen wie in den anderen, heißen sie nun Bloch oder Brecht oder Anna Seghers, die ja alle auch respektable und wunderbare Künstler waren, etwas passiert sein, und wie geht man damit um? Wie wird man damit fertig?

Heym: Also, ich muß Ihnen sagen – das stimmt natürlich, ich kann nicht mein ganzes Leben wegwerfen, das wäre doch Unsinn, bloß weil hier Leute schlecht und schlimm und verbrecherisch gehandelt haben. Und trotzdem glaube ich, die Grundidee ist gut und richtig. Aber ich kann von mir sagen, und das müssen Sie zugeben, daß da, wo sich irgendwie die Gelegenheit ergeben hat, und die ergab sich ja schon 52/53 hier, daß ich da aufgestanden bin und geschrieben und geredet habe.

FJR: Das weiß ich ja.

Heym: Also, ich habe mir noch am wenigsten vorzuwerfen.

FJR: Es geht nicht um vorwerfen, das hier ist ja kein Tribunal.

Heym: Nein, natürlich, aber schauen Sie mal: Man muß doch versuchen, mit sich selber auszukommen. Jetzt ist hier dauernd die Rede von Vergangenheitsbewältigung. Wenn ich mir meine Vergangenheit ansehe – ich weiß nicht, ob da so viel ist, was ich bewältigen müßte.

FJR: Haben Sie nicht manchmal das Gefühl eines großen Vergebens? Sie haben zwar Ihren Mann gestanden, Sie sind ein integrer Mann geblieben, und Sie haben die Klappe aufgemacht, wo Sie konnten. Und dennoch hat es alles, die Klappe aufmachen, die Artikel in der *Berliner Zeitung*, der Roman über den 17. Juni, der dann ja gar nicht erscheinen durfte, gar nichts verändert. Verändert haben es zum Schluß, ja ich weiß nicht: Herr Kohl, oder die Ungarn, weil sie die Grenze aufgemacht haben?

Heym: Das ist nicht wahr, das heißt, die Dinge sehr undialektisch und unhistorisch zu sehen. Die Veränderung fängt natürlich da an, wo wir zum erstenmal sagen, dies ist schlecht, und dies muß man ändern. Da fängt die Veränderung an. Und dann geht es weiter. Wer hat denn Druck gemacht? Doch wir! Wer denn? Die Herren im Westen haben ja mit denen zusammengearbeitet. Die haben sie doch gestützt, die Herrschenden sind immer auf der Seite der Herrschenden, ganz gleich, was für Herrschende das sind. Aber wir haben den Druck gemacht, wir haben versucht zu verändern, und die Veränderung fing damals an.

FJR: Würden Sie so weit gehen zu sagen, daß viele, also ein Corpus, ein Chorus von kritischen Intellektuellen – bleiben wir jetzt mal bei Schriftstellern –, die Veränderungen bewirkt haben?

Heym: Ja, absolut.

FJR: Meine Gegenfrage ist eine Anekdote; Anekdoten sind ja manchmal von grausiger Präzision. Ein tragischer jüdischer Witz aus dem Pogrom in Galizien. Sie überfallen das Haus eines Rabbi, sie stellen ihn in einen Kreidekreis und sagen, da bist du drin und darfst dich nicht rühren; sie plündern das Haus, und sie vergewaltigen die Frau, und sie vergewaltigen die Tochter; sie belehren ihn unentwegt, du darfst aus dem Kreidekreis nicht raus. Und nach einer Weile, das Haus ist gebrandschatzt, das ganze Dorf ist in Flammen aufgegangen, kommen endlich Nachbarn, er ist alleine, alles ist in Trümmern, und er steht im Kreis und lächelt. Und die Nachbarn fragen ihn: Warum lächelst du? Und da sagt er: Ja, man hat mir doch gesagt, ich darf mich nicht rühren und darf aus dem Kreidekreis nicht raus, ich habe aber meine Fußspitze ein Stück aus dem Kreidekreis geschoben. Haben nicht die, die hier die kleinen Veränderungen im prinzipiell bejahten System hervorrufen wollten, so gehandelt: Sie standen im Kreidekreis und haben gelächelt und die Fußspitze rausgeschoben, und ringsum wurde gebrandschatzt und vergewaltigt und raste der Pogrom. In diesem Land sind schließlich Menschen verschwunden, in diesem Land sind auch Menschen umgebracht worden, in diesem Land sind Menschen nicht nur physisch, sondern psychisch gebrochen worden. Und da saß man und lächelte: Ich habe es dennoch geschafft, ein kritisches Gedicht zu schreiben. Das ist doch auch für den, der es getan hat, eine schreckliche Situation?

Heym: Also, Ihre Geschichte mit dem Rabbi, der da die Fußspitze rausgesteckt hat, ist sehr schön, und sie mag zutreffen auf den oder jenen. Auf mich trifft sie nicht zu, weil ich das ja ganz anders gemacht habe. Ich habe mir erlaubt, und die Kerle haben es irgendwie dulden müssen, nicht nur eine Fußspitze rauszustecken. Sondern ich habe bei guter Gelegenheit, und es waren viele Gelegenheiten, über das Fernsehen, also das Westfernsehen, aber sichtbar und hörbar im Osten, all die Dinge öffentlich gesagt, die die nicht hören wollten und die ihnen fürchterlich an die Nieren gingen. Ich habe das alles gesagt, und ich habe auch dadurch den Menschen hier eine Menge Mut gegeben: Da ist einer, der spricht aus, was wir auch denken, und der ist hier, der kommt wieder zurück zu uns, der bleibt nicht draußen, verstehen Sie? Und das war das, was die Leute mir als Kredit gegeben haben. Darüber bin ich im Grunde auch ein bißchen gerührt, vielleicht geben die mir mehr Kredit, als ich verdiene, das weiß ich nicht. Aber jedenfalls das war, was ich getan habe, und dann kann man nur noch sagen: Hier stehe ich, ich kann nicht anders. Ich behaupte nicht, daß ich ein Held war, das war ich bestimmt nicht, sondern ich habe genau das getan, was ich dachte, daß ich es tun kann, ohne dafür geköpft zu werden oder ins Zuchthaus zu kommen.

«Ich bin nicht liberal – ich bin radikal»

Gespräch mit Nadine Gordimer

FJR: Ein Schriftsteller als Fremder im eigenen Land: Inwieweit berührt, versehrt die Situation sogar Ihr Schreiben, daß Sie im Ausland erfolgreich – spätestens seit dem Nobelpreis weltberühmt – und in Südafrika eher unbekannt sind; ein Autor außerhalb, zumindest neben seiner Gesellschaft?

Nadine Gordimer: Darf ich erst einmal die generelle Situation erklären, was Schriftsteller, Leser, den Büchermarkt in Südafrika betrifft; schwarze wie weiße Autoren gleichermaßen. Wir sind weniger als vier Millionen Weiße in einer Bevölkerung von etwa sechsunddreißig Millionen. Die Weißen – zu denen ich gehöre – haben von Beginn an bis heute eine weit bessere Erziehung genossen: Dennoch lesen sehr wenige von ihnen das, was Sie und ich unter Literatur verstehen. Damit sind erst einmal die englischsprachigen Weißen gemeint. Viele Weiße, vor allem aber ein hoher Prozentsatz der Schwarzen wie der Farbigen sind nicht eigentlich englischsprachig; Englisch ist für sie eine Fremdsprache, die sie als Zweit- oder Drittsprache erlernen. Die südafrikanische Literatur – gleich ob von Schwarzen oder Weißen geschrieben – ist aber fast ausnahmslos in Englisch verfaßt.

FJR: Heißt das, daß auch die jüngeren schwarzen Autoren in Englisch schreiben, gleichsam in der Sprache der Kolonialherren, wie algerische Schriftsteller – Mohammed Dib etwa – französisch schrieben?

Gordimer: Sie schreiben ausnahmslos englisch – darunter einige sehr, sehr gute Schriftsteller: Es'kia Mphahlele, Njabulo Ndebele, Mbulelo Mzamane, Bloke Modisane, Mtutuzeli Matshoba.

Es sind literarische Repräsentanten ihres Volkes – aber kaum einer in diesem Volk kann sie lesen, weil die Englischkenntnisse der Bevölkerungsmehrheit zu rudimentär für ernsthafte Literatur sind.

FJR: Eine Irrsinnssituation: Böll von den Deutschen kaum gelesen, Sartre kaum von den Franzosen und Hemingway nur in Ausnahmefällen von Amerikanern. Besonders verquer für Sie – Sie stehen doch mit allem, was Sie schreiben, ob Romane, Kurzgeschichten oder Essays, deutlich in der Tradition der europäischen Littérature engagée. Was richtet das in Ihnen an, wenn Sie zugleich wissen, kaum einer liest Sie in Südafrika?

Gordimer: Sie werden schockiert sein: gar nichts. Es macht mir nichts. Ich denke beim Schreiben nie: Wer wird das lesen? Das wäre für jeden Schriftsteller fatal, es verkrümmt die Feder. Man scheute entweder «zu komplizierte» Konstruktionen oder biederte sich künstlich der Plattheit an. Ich schreibe so, wie ich fühle, daß ich schreiben muß.

FJR: Aber Sie sind doch eine sehr politische Schriftstellerin, Ihr Werk hat seine Wurzeln in diesem Land und schneidet zugleich rasiermesserscharf in seine Verwucherungen. Die Lakonie vieler Ihrer Erzählungen hat oft die Gebärde der Predigt.

Gordimer: Dem möchte ich energisch widersprechen. Ich bin kein Prediger. Ich zeige Charaktere, Zustände, Verhaltensweisen. Ich zeige, daß ein guter Revolutionär privat ein Schweinehund sein kann, ein Freiheitskämpfer ein Ehebrecher und ein aufrechter Gegner der Apartheid ein Lügner. Ich predige nicht, ich zeige Menschen in ihrem Anstand und ihren Verfehlungen.

FJR: Genau das tut der Priester, wenn er ein guter Prediger ist – um mehr Anstand und weniger Verfehlung zu erbitten, gar zu fordern.

Gordimer: Gut, dann sind alle Schriftsteller Prediger – Flaubert, Kafka, Beckett. Die Frage – Ihre Frage – war ja, ob wir dann Prediger in der Wüste sind; vor allem wir hier in Südafrika. Nur bedenken Sie, daß wir – geradezu eine verquere Dialektik – wiederum durch den Umstand, in der Weltsprache Englisch zu schreiben, durch ebendiesen Umweg viel Wasser in die Wüste leiten konnten. Wenn irgend jemand in Amerika oder England begriffen hat, was Apartheid *wirklich* bedeutet – dann weil da ein Stück von Athol Fugard gespielt, dort ein Essay von Breyten Breytenbach oder eine Erzählung von mir gedruckt wurde. Das Fernsehen konnte das nicht. Da sieht man Straßenschlachten, zerbombte Häuser, brennende Ortschaften und Tote. Es ist eine Information, die durch die der nächsten Minute gleichsam gelöscht wird – durch irgend etwas über Gorbatschow, Rio de Janeiro oder die deutsche Einheit. Ich nenne es die Desinformation durch Information. Nur wir Schriftsteller können Entwicklungen zeigen, das Entstehen gesellschaftlicher Deformation oder individuellen Versagens. Der kriminelle Wahnsinn der Apartheid ist nicht durch einen Zeitungsartikel begreifbar zu machen; eher durch einen Roman, eine Erzählung – weil die Nachricht die menschliche Dimension nicht liefern kann.

FJR: Sie produzieren diese Dimension, aber «liefern» können Sie sie auch nicht, weil es kein «Lieferantensystem», ich meine: Vertriebssystem gibt.

Gordimer: Richtig. Ein schauerlicher Circulus vitiosus. Athol Fugards Stücke waren zwar nie verboten, aber wer konnte die sehen? In den schwarzen Townships gab es überhaupt keine Theater. In Soweto mit seinen vorsichtig geschätzten drei Millionen Einwohnern gibt es sechs – Sie haben recht gehört: sechs – kleine Büchereien. Geld zum Kaufen von Büchern hat dort kein Mensch. Wo soll da eine «Lesekultur» in diesem Land herkommen? Das Verlags- und Buchhandelswesen ist in einem deplorablen Zustand. Die großen Buchhandelsketten verkaufen nur Airport-Bestseller. Was Sie und ich unter Büchern verstehen, bieten die gar nicht an. Vielleicht ein oder zwei schmale Taschenbücher von südafrikanischen Schriftstellern, aber sie tun nichts für deren Verkauf, sie bestellen vielleicht sechs Exemplare. Die wenigen unabhängigen Verlage, die unsere Literatur verlegen, sind winzige Unternehmen, und die großen englischen Häuser – wie Oxford University Press oder Longmans –, die sich mit ihrem südafrikanischen Engagement brüsten, haben mit dem Druck und Verkauf der staatlich verordneten (und zensierten) Schulbücher ein Vermögen gemacht; aber Literatur haben sie nicht mit Handschuhen angefaßt. Das ist eines der Hauptprobleme des südafrikanischen Schriftstellerkongresses wie des ANC – in beiden arbeite ich mit, wie Sie wissen: Ausbildung und Bildungssystem zu ändern.

FJR: Wenn man hier mittags die Schüler in ihren feinen Uniformanzügen und die Schülerinnen in ihren adretten Kleidchen mit Kniestrümpfen, Schnallenschuhen und Haarspangen aus der Schule kommen sieht, dann wirkt das auf leicht lächerliche Weise intakt.

Gordimer: Ein Überbleibsel aus der englischen Kolonialzeit; übrigens tragen auch die schwarzen Schüler Uniform. Nur kann das nicht das totale Chaos des Schulsystems für Schwarze wegkostümieren. Das ist für Mandela und alle für uns im ANC vielleicht das schwierigste Problem: zuwenig Schulen, zuwenig Klassenräume, zuwenig Lehrer.

FJR: Und *in* den Schulen blutige Kämpfe...

Gordimer: Das wollte ich gerade sagen. Die Schüler sind hochgradig politisiert. Sie haben die Unterdrückung bekämpft, indem sie einen ihrer Apparate – eben die Schule – bis zur Zerstörung bekämpft haben: den Unterricht boykottiert, die Schulbücher verbrannt, die Lehrer attackiert, die Gebäude besetzt. Das einzige, was dieses ganze System sie gelehrt hat, war Gewalt – und sie haben *ihre* Gewalt dagegengesetzt. Wie soll man diesen Kindern und Jugendlichen beibringen: Von jetzt an (nehmen wir mal an, «jetzt» heißt eine ANC-Regierung) muß einem Curriculum gefolgt, einem unbeliebten Lehrer gehorcht, ein Pensum gelernt werden? Von nun an gelten eure Methoden der (Gegen-)Gewalt nicht mehr? Es ist eines der größten Probleme des Landes.

FJR: Wie wollen Sie das lösen, wenn Sie sich zugleich als radikal, nicht liberal bezeichnen? Für unsere Begriffe hat Radikalismus stets nur neues Unrecht, gar neue Gewalt gezeugt und haben nur die behutsameren, langsameren Veränderungen des Liberalismus Fortschritte gebracht.

Gordimer: Nein, ich bin nicht liberal. Ja, ich bin radikal. Liberal sind Herr de Klerk und seine Nationale Partei. Er will ein bißchen Reform, weist zugleich entgeistert jeden Gedanken an Verstaatlichung von sich – unbeirrt von der Absurdität, daß achtzig Prozent des Landes und seines Reichtums in den Händen der winzigen weißen Minderheit sind. Eine groteske Proportion. Sie wollen da ein bißchen Kosmetik – aber auf keinen Fall die Macht dem Volke. Ich will diese kleinen Veränderungen als Reparatur am System nicht. Ich will ein vollkommen anderes System.

FJR: Sie meinen damit Regierung *und* Wirtschaft?

Gordimer: Ja. Für alles andere ist es zu spät. Das hätte vielleicht vor vierzig Jahren funktioniert. Deswegen bin ich ja Mitglied des ANC und gehörte schon zum radikalen Flügel, als der noch verboten war. Was übrigens noch immer nicht sehr populär ist, als Weiße zum ANC zu gehören; viele meiner Freunde finden, daß das nun doch zu weit gehe.

FJR: Könnte das damit zusammenhängen, daß der ANC noch immer stark kommunistisch geprägt ist? Für jemanden aus Europa, wo dieses ganze Gebäude nun unter großem Getöse zusammengekracht ist und die ehemaligen Missionare der verstaatlichten Wirtschaft um Kredite und Schuldenerlaß beim Kapitalismus antichambrieren, wirken beispielsweise diese Verstaatlichungskonzepte lächerlich, altmodisch; außerdem funktionieren sie erwiesenermaßen nicht.

Gordimer: Sie müssen erst einmal Impulse und Konzepte auseinanderhalten. Der Impuls ist, daß in ganz Afrika, und speziell natürlich in Südafrika, Klassenkampf Rassenkampf war und ist. Der Kapitalismus ist hier weiß – also ist der Kampf gegen das System der ungerechten weißen Vorherrschaft automatisch ein Kampf gegen den Kapitalismus. Alles, was sich anders nennt, ist für einen jungen Schwarzen – der ja auch nach dem Referendum noch immer wenig soziale Chancen hat – das Paradies.

FJR: Der Impuls ist begreiflich. Das Konzept – und Nelson Mandela reist durch die Welt und verkündet das als Konzept – nicht. Warum soll bei Ihnen funktionieren, was im Riesenreich Sowjetunion und seinen europäischen Satelliten nicht funktioniert hat?

Gordimer: Sie müssen zum einen verstehen, daß alle antikolonialistischen Freiheitsbewegungen ein Amalgam aus Ghandiismus und Sozialismus sind; und daß zum anderen auch Nelson Mandela wie seine Berater sich verändern, gedanklich neue Konzepte durchprobieren. Er hat kürzlich in den USA schon ganz anders gesprochen als zuvor in Interviews mit europäischen Zeitungen. Alles, was wir wissen, ist: Es muß eine vollständige Umverteilung der materiellen Güter stattfinden.

FJR: Und alles, was unsereins sich fragt, ist: Wie viele und wie hochrangige und wie einflußreiche kommunistische Berater hat Mandela, die ihm veraltete und falsche Modelle dafür anempfehlen?

Gordimer: Es sind wenige. Auf diese wenigen hört er.

FJR: Das finden Sie richtig?

Gordimer: Ja, das finde ich richtig.

FJR: Sie würden auch auf diese Leute hören?

Gordimer: Ja.

FJR: Sie ganz persönlich?

Gordimer: Ja. Liehe Mandela sein Ohr lediglich Mr. de Klerk und seinen Liberalen, so fiele er in Reformbestrebungen zurück, statt die Gesellschaftsstruktur vollständig umzukrempeln. Und Sie müssen die Sache auch noch unter einem anderen Blickwinkel betrachten. Wenn die Leute sich in diese Vorwurfshaltung «Woher Mandelas Allianz mit der South African Communist Party» hineinmanövrieren, dann muß man daran erinnern: Wer hat die ANC-Leute denn versteckt, bewaffnet, unterstützt, als sie verboten war? Der Westen hat ihnen keinen Penny gegeben. Der Westen hätte nicht mit einem von ihnen auch nur geredet. Nicht der amerikanische Präsident, nicht der englische Premier, nicht der deutsche Bundeskanzler. Niemand. Von niemandem und nirgendwo kam Hilfe für den Befreiungskampf.

FJR: In meinen Ohren klingt das wie die vielbeschworene antifaschistische Allianz mit Moskau, während der man schließlich die Augen vor den Moskauer Prozessen verschloß; schließlich führte es zu einer Art Verklärung. Verklärt sich diese ANC-Dankbarkeit für vergangene Hilfe?

Gordimer: Nur, daß sie im doppelten Sinne «vergangen» ist. Die Dinge haben sich doch vollständig verdreht: Es gibt keine Sowjetunion mehr, keine sowjetische Hilfe – weder für die hiesige kommunistische Partei noch für das früher helfende Kuba. Es kann also auch keine diabolischen Ränke für eine kommunistische Machtübernahme in Südafrika geben; nur die äußerste Rechte malt dieses Schreckgespenst noch an die Wand. Derweil die russischen Delegationen nun von der Regierung auf dem roten Teppich am Flugplatz geküßt werden; und all die Professoren, Schriftsteller, Journalisten im Gefolge – die noch vor zwei Jahren Beelzebub und die rote Gefahr waren – besuchen die offiziellen Parties, aber meiden jeden ANC-Kontakt. Ganz gelegentlich verirrt sich mal einer zu mir. Sie sprechen nicht mehr mit ihren ehemaligen Genossen, sie sprechen mit der Regierung, die sie früher verketzert hat. Sie sehen: eine äußerst drohende kommunistische Gefahr.

FJR: Gab oder gibt es noch einen starken marxistischen Einfluß bei den südafrikanischen Intellektuellen?

Gordimer: Ja, den gab es, und viele sind noch immer überzeugte Marxisten, ähnlich Christen, die ihrem Christentum nicht wegen Mißbrauchs einer korrupten Priesterkaste abschwören mögen. Ich selber bin der Meinung, daß vieles an den Ideen von Marx oder Lenin bemerkenswert war, wie an denen der Französischen Revolution oder von 1848. Zugleich weiß ich natürlich, wie sehr Macht korrumpiert und daß, bei allem Idealismus, die menschliche Natur wohl schwerlich zu ändern ist. So schwanken wir hier alle zwischen hochfliegenden Ideen – etwa: Jedem sein eigenes Haus, aber kein Privatbesitz an Grund und Boden – und eher so pragmatischen Zielen wie der Möglichkeit, daß ohne Ansehen der Hautfarbe jeder wohnen kann, wo er will.

FJR: Aber Sie wohnen selber, alarmanlagengeschützt, in einem privilegierten Villenviertel, wo offensichtlich kein Schwarzer wohnt, wohnen kann oder darf.

Gordimer: Doch, hier in dieser Gegend geht das, und Schwarze – es gibt auch wohlhabende, sogar einige reiche Schwarze – haben hier schon Häuser gekauft. Das ginge nicht auf dem flachen Land.

FJR: Man sieht ohnehin allenthalben viel Reichtum – oder ehemaligen Reichtum? – im ganzen Land: prachtvolle Villen in parkähnlichen Gärten in Constantia bei Kapstadt oder wunderbar gepflegte Weingüter um Stellenbosch oder luxuriöse Appartementhäuser am Indischen Ozean in Durban. Hatte der Boykott keinen Effekt?

Gordimer: Er hatte enorme Wirkung. Man muß feststellen, daß rein kapitalistisches Kalkül umschlug in moralisch-politische Qualität. Mr. de Klerk hat nicht nachgegeben, und ein großer

Prozentsatz der *yes*-Wähler beim Referendum hat nicht so gestimmt aus humanitären Gründen, sondern weil die Wirtschaft ruiniert war, die Inflationsrate fünfzehn Prozent betrug; noch zwei Tage vor dem Referendum bangte der Verband der Obst-Exporteure um das *yes*: Nicht weil sie Mandela oder den ANC lieben, sondern weil bei einem *no* 85 Prozent ihrer Ernte nicht exportierbar gewesen wären. Dieses eine Mal wenigstens haben Wirtschaftssanktionen funktioniert; nie wäre Mandela freigekommen, nie hätte de Klerk sich an irgendeinen Verhandlungstisch gesetzt, wenn die Sanktionen nicht tief ins Fleisch geschnitten hätten. Big Business – von Gold über Diamanten bis zu Zeitungsverlagen – bangte natürlich nicht um das Schicksal der Schwarzen in den Townships, aber um seine Absatzmärkte, seinen Profit. Kapital hat kein Gewissen, aber es will Gewinn.

FJR: De Klerk scheint mir ein Gorbatschow Südafrikas oder – wenn man noch weiter in die Geschichte zurück will – eine Art Mirabeau; der eine wollte sowenig die Französische Revolution (sondern einen reformierten Royalismus), wie der andere keine Auflösung der Sowjetunion, sondern einen reformierten Kommunismus wollte. Es gibt aber Augenblicke in der Geschichte, zu denen sich ein System nicht mehr reformieren läßt – die Reformer schaffen sich selber mitsamt der Gesellschaft ab. Was folgt, ist meist das Chaos. Droht dieses Chaos in Südafrika, werden die militanten Weißen, die bereits eine beträchtliche Privatarmee aufbauen, sich einer aus dem *one man one vote*-Mechanismus hervorgegangenen schwarzen Regierung unterwerfen?

Gordimer: Das ist sehr, sehr schwierig. Sie brauchen nicht mal diese Privatarmeen – die reguläre genügt schon, und die Polizei dazu. Wir haben keinen Juan Carlos – aber wir können leicht einen rechten Putsch der Armee haben. Es laufen hier verschiedene historische Prozesse ineinander. Erst kürzlich konnte Andries Treurnicht mit einem Anschein von Recht erklären, daß de

Klerks Politik allen modernen staatlichen Entwicklungen zuwiderlaufe, wie man an Osteuropa und den GUS-Staaten sehe: Der Trend gehe weg von multikulturellen Großgebilden, die divergierende Völker, Sprachen, Kulturen, Religionen, Traditionen zusammenfaßten, und hin zu kleinen, quasi «reinen» nationalen Einheiten; also: vorwärts in die sechziger Jahre.

FJR: Was mich wundert: daß ich nie je in irgendeiner südafrikanischen Zeitung so ein Gespräch mit Ihnen las. Sind Sie Teil dieses Landes – im Ausland gar als Repräsentant angesehen – und zugleich ein Fremdkörper?

Gordimer: Sie müssen die Position von Menschen wie mir sehr genau verstehen: Sie sind von den Schwarzen total akzeptiert – und werden von den Weißen gehaßt. Als ich nach der Nobelpreisverleihung zurückkam, war eine riesige Menschenmenge am Flugplatz, sie hupten, schwenkten Spruchbänder; es waren – nicht nur Desmond Tutu – alles Schwarze und vier enge persönliche weiße Freunde. Das ist meine kuriose Position – ich bin eine Weiße, aber ich gehöre nicht zu den Weißen; die lehnen mich ab.

FJR: Kein Telegramm von de Klerk nach dem Nobelpreis, kein Interview im Fernsehen, keine Aufmacherstories auf den ersten Seiten der Zeitungen?

Gordimer: Nichts, absolut nichts dergleichen. Kein Telegramm, kein Gruß, kein Interview – eine Notiz auf Seite drei, glaube ich.

FJR: Sie sind ein weißer Neger. Aber Sie würden, da eben weiß, *doch* auf der Straße überfallen und ausgeraubt, gingen Sie in der Innenstadt von Johannesburg spazieren; man sieht Ihnen ja nicht an, wofür Sie stimmen.

Gordimer: Das werden Schwarze auch. Sie dürfen das nicht durcheinanderbringen – für einen Schwarzen ist es genauso gefährlich, am Freitag mit seinem Wochenlohn in der Tasche durch die Stadt zu bummeln. Das ist Kriminalität – und ich stimme nicht für Raub, Überfall und Mord. Ich stimme gegen die Ursachen, die zu dieser Kriminalität geführt haben: Apartheid, Arbeitslosigkeit, schlechte Ausbildung, Unterdrückung, Vertreibung.

FJR: Sie stimmen dagegen, sozusagen mit Ihren Büchern. Aber in denen schildern Sie doch gerade die Kalamität der gutmeinenden privilegierten Weißen, die nett zu ihrem schwarzen Personal sind, mit der Nanny schon mal einen Tee trinken und dem Gärtner frei geben, wenn seine Mutter krank ist.

Gordimer: Sie sprechen von meinen früheren Büchern.

FJR: Nein, ich spreche von allen Ihren Büchern, Romanen wie Erzählungen, den jüngst in Deutschland erschienenen. Ich spreche von Ihrer Literatur und Ihrer Existenz.

Gordimer: Aber Sie beschreiben die liberale Position, all dies Gehabe, das wir als *bring a bottle and a black*-Getue irgendwelcher Party-Damen verlachen; und der Kleine vom schwarzen Boy darf auch mal in den Pool. Das ist nicht meine Haltung. Es geht darum: Wer hat einen Verfolgten vor der Polizei versteckt; wer hat Papiere durch die Zollkontrolle geschmuggelt; wer hat sein Auto als Kurier gefahren – wer ist Risiken eingegangen, hat öffentlich eine verbotene Bewegung unterstützt, hat selber Haft und manchmal sein Leben riskiert. Das ist nicht die Ebene von Tee und Plätzchen; und es ist übrigens auch nicht die Ebene von «Wer hat das größere Haus». Meine Freunde vom ANC interessiert nicht mein Haus, sondern was ich *tue*. Da sind eure europäischen Ideen: Wenn du die und die Gesinnung hast, dann verkauf dein Haus und arbeite als Kellnerin; dann darf Nelson Mandela nicht in einem anständigen Haus leben. Aber niemand hier will, daß ich als Kellnerin arbeite, und jedermann akzeptiert, daß ein Staatsmann für seine Arbeit, seine Besprechungen, seine Gäste ein entsprechendes Haus braucht.

FJR: Ich will keine Kellnerin Nadine Gordimer. Aber ich frage die Schriftstellerin Nadine Gordimer: Ist es nicht «per Beschluß», durch eine – wie immer ehrbare – *Entscheidung* herbeigeführte

Solidarität. Dasselbe Leid zu *erleben* und sich Leid vorzustellen, das bleiben zwei verschiedene Vorgänge. Darf ich eine kleine Geschichte erzählen: Ich war sehr befreundet mit James Baldwin. Eines Abends aßen und tranken wir mit einem gemeinsamen Kollegen, einem deutsch-jüdischen Schriftsteller; der erzählte, wie er – schon emigriert – illegal noch einmal mit der Bahn durch Nazideutschland reiste. Baldwin reagierte mit nur fünf Worten: *«I couldn't have done it»* – er wäre, illegal als Schwarzer durch Alabama fahrend, eben erkannt worden.

Gordimer: Aber niemand erwartet, daß man dasselbe Leid *erlebt;* Leid kann man nicht teilen, niemand kann es, und ich prätendiere das überhaupt nicht. Sie haben das Wort «vorstellen» benutzt: Das ist doch die Kraft des Schriftstellers – die Imagination, es sich vorzustellen. Es ist offensichtlich, ich habe nie in Soweto gelebt. Aber Tolstoj war auch kein Bauer, vielmehr ein reicher Großgrundbesitzer. Man kann nicht zwanzig Leben leben, und man kann seine Klasse nicht wechseln.

FJR: Die Klasse vielleicht, die Rasse nicht.

Gordimer: Sie scheinen mir von diesem Gedanken besessen. Ich sehe es ganz anders. Man geht durch viele Stadien. Anfangs hat es etwas Paternalisierendes; ich habe – in diese Situation hineingeboren – früher stets Sorge gehabt, Schwarze durch Freundlichkeit zu beleidigen. Wird man selber sicherer, kennt man sich selber besser, dann ist es auch viel leichter, einen anderen zu kennen. Es ist vielleicht mehr eine Sache von Erfahrung als von diesem «Beschluß», von dem Sie sprachen. Es ist wie das Häuten einer Zwiebel, noch eine Schicht und noch eine Schicht von diesem Bewußtsein «Ich bin weiß, du bist schwarz» abzuschälen. Das geht nicht über Nacht.

FJR: Wie lange haben Sie gebraucht?

Gordimer: Mein Leben.

«Den Tod überlisten»

Gespräch mit George Tabori

FJR: Einerseits ein etwas seltsamer, indiskreter Vorgang, andererseits: Daß zwei ältere Herren über Sterben und Tod reden, ist ja vielleicht nicht gar so absurd. Wenig absurd vor allem mit dir, weil das in deiner Arbeit immer eine ganz große Rolle spielt. Selbst wenn du versuchst, es mit einem Witz zu neutralisieren oder humorvoll aufzufangen, scheint mir, daß das eine ganz große Kategorie in deiner Arbeit ist. So möchte ich dich fragen: Wie sehr und wie lange schon hat das Thema Sterben und Tod dich beschäftigt?

George Tabori: Wann genau das anfing, weiß ich nicht, aber ich glaube, das war in meiner Midlife-crisis, die haben wir ja alle. Ich bin nun schon jenseits, Gott sei Dank. Wenn ich mich richtig erinnere, hatte ich mit sechzig Jahren eine *attack of necrophobia*. Die habe ich aus meinem System irgendwie rausgearbeitet, ich habe einen Kurzroman geschrieben, «Son of a bitch». Ich glaube, das hat geholfen.

FJR: Aber das war offenbar damit nicht erledigt, du hast es ja immer weiter paraphrasiert, eigentlich in allen deinen Arbeiten.

Tabori: Ja, es ist dann so eine Art intime Beziehung geworden. Ich glaube, diese Sachen sind nicht bewußt, aber immer taucht es auf, und nachher denke ich, da die Sache ziemlich fremd ist, die Idee des Todes ist unwägbar...

FJR: Ist sie fremd für dich?

Tabori: Sie war es. Ich glaube in ganz naivem Sinne, man kann sich das Unwägbare oder Unvorstellbare kaum vorstellen, man romantisiert es vielleicht. Aber dann allmählich, dadurch daß man sich damit auch literarisch beschäftigt, wird es weniger fremd. Und jetzt – das hat vielleicht auch mit dem Alter zu tun – ist die Idee nicht so absurd, daß ich eines Tages nicht mehr da bin.

FJR: Jeder hat sein Stückchen Geist oder Moralität gleichsam investiert, wollte sein Stempelchen auf die Welt drücken. Der Gedanke, daß das morgen oder in zehn Jahren oder plötzlich über Nacht oder Tag in fünf Minuten vorbei ist, das ist doch etwas, was man vielleicht nicht ganz einfach in sein System kriegt, oder?

Tabori: Es gibt diesen alten judaischen Gedanken: Keiner ist tot, solange man über ihn spricht.

FJR: Spielt das eine Rolle für dich?

Tabori: Nicht bewußt.

FJR: Ich habe mal mit Alfred Hrdlicka ein langes Gespräch darüber geführt. Da hat er zu meiner Verblüffung gesagt: Im Grunde genommen ist meine ganze Arbeit der Versuch, den Tod zu überlisten.

Tabori: Ja, das kenne ich. Wie man so gegen die Sterblichkeit kämpft – ja, durch die Arbeit. Aber ich glaube, es sind zwei Sachen. Der Woody Allen sagte einmal: Ich habe nichts gegen den Tod, nur möchte ich nicht dasein, wenn er kommt.

FJR: Etwas Ähnliches hast du auch mal geschrieben, nämlich: «Nehmen wir das Grauen vor dem Tod, das das Leben der Alten überschatten soll. Das Gegenteil ist richtig, denn das Grauen ist immer ein Grauen vor dem Unbekannten. Je älter man wird, desto mehr weiß man vom Nichts. Meine Geburt war leicht, und das gleiche erwarte ich von meinem Abgang. Nicht, daß mir der Gedanke angenehm wäre, aber Sterben ist o. k., wenn man nicht dabei ist.»

Tabori: Dann habe ich den Woody Allen zitiert. Das nennt man zitieren, wenn man stiehlt. Aber die Frage war ja nach dem Unterschied zwischen Sterben und Tod. Vor dem Tod braucht man keine Angst zu haben, denn da ist anscheinend nichts. Die Frage, ob man vorm Sterben Angst haben muß, ist die Frage, wie man stirbt. Man kann gut sterben, still sterben oder sehr qualvoll. Das ist eine Sache, die am meisten Unbehagen und Angst bringt. Aber ich habe mich besonders in den letzten zwei, drei Jahren, nach verschiedenen Operationen, der Idee genähert, daß das kommt. Die Engländer nennen den Zustand *«the rapid decline»*.

FJR: Man geht wie eine Maschine Stück für Stück kaputt.

Tabori: Es gibt einen furchtbaren ungarischen Witz: Hochzeitsnacht in einem Schlafwagen. Sie klettert nach oben, zieht sich aus. Er ist unten, nimmt sein Toupet ab, sein linkes Auge heraus, Gebiß, Hörgerät, den Schrittmacher macht er an, nimmt am linken Bein die Prothese ab und will hochklettern. Sie sagt: Mach dir keine Mühe, wirf es hinauf. Dieses allmähliche, leise oder nicht so leise Verschwinden verschiedener Sinnesorgane, man sieht nicht so gut, man riecht nicht so gut, man hört nicht so gut... Also ich bin jetzt halb taub und halb blind. Es ist nicht unbedingt schlimm, wenn man die optische und akustische Umweltverschmutzung bedenkt. Man muß nicht alles sehen und hören.

FJR: Nein, manchmal ganz hilfreich, daß man nur die Hälfte hört. Eine andere Frage: Du hast Eros und Tod sehr oft ineinandergewoben. In Stücken, auch in Prosa findet man immer wieder Szenen, wo sozusagen das Bett doppelte Lagerstatt ist: die Lagerstatt der Lust und die Lagerstatt des Todes. Selbst in so einem rapiden kleinen Roman wie «Die Reise» ist die Liebeserfüllung zum Schluß – wenn der russische Major erschossen wird – mit Tod verbunden. Das hängt für dich ganz deutlich miteinander zusammen.

Tabori: Es ist ja auch besonders nahe. Denk nur an «Tod in Venedig», vielleicht mein Lieblingsroman deutscher Sprache, der jenseits der autobiographischen Offenbarung zwischen der Flucht zum Tode hin und der Flucht ins Leben balanciert.

FJR: Du hast dich immer ins Leben retten wollen? Nicht in den Tod? Das ist offenbar keine Kategorie für dich?

Tabori: Selbstmord, nein. Warum sich beeilen, kommen tut es schon. Das einzige mit Selbstmord ist diese neue Sterbehilfe, ich weiß nicht, ob du das kennst.

FJR: Ganz genau kenne ich die.

Tabori: «Final exit» heißt das Buch.

FJR: Das jetzt in Deutsch auch erschienen ist, «In Würde sterben», bei Carlsen.

Tabori: Darüber denke ich schon nach, ob, wenn es alles zu schlimm wird, man sich nicht helfen könnte. Das ist nicht leicht, weil die Ärzte gar nicht besonders gern Hilfe leisten wollen.

FJR: Nein, du mußt die Ärzte betrügen. Aber Selbstmord hat doch auch etwas Würdiges. Ich nehme mal drei Beispiele. Wie Arthur Koestler und seine Frau das gemacht haben am Ende eines langen Lebens, beide sehr krank. Sie haben sozusagen summiert: Das war alles, und das war genug. Der andere, Leo Matthias, blind, seine Frau gestorben, er war hilflos und hat gesagt: Ich will nicht mehr, ich will auch niemandem zur Last fallen. Also das, was man Bilanzselbstmord nennt. Wie bei Tucholsky, der noch verhältnismäßig jung war, 45 Jahre.

Tabori: Was hat es ausgelöst bei ihm?

FJR: Eigentlich weiß das nur einer, und der kann nicht mehr drüber reden. Bei Tucholsky kamen wohl verschiedene Dinge zusammen, schwere Krankheit, die Emigration ohne Paß, die Mittellosigkeit, er hatte keine Mark, hatte Schulden bei seiner Geliebten, einer Ärztin in Zürich, und sicherlich doch auch eine große Verbitterung über die Entwicklung in Deutschland. An gebrochenem Herzen ist er sicherlich nicht gestorben, aber daß seine Prophezeiungen so furchtbar eingetroffen sind, hat ihn entsetzt: Also drei Beispiele, um zu sagen: Es gibt ja eine sehr würdige Form, das selber in die Hand zu nehmen.

Tabori: Dennoch – Selbstmordgedanken hatte ich nie, dazu bin ich nicht negativ genug. Eigentlich hatte ich immer Glück. Das Schlimmste ist immer so vorbeigegangen. Selbst während des zweiten «Blitz» in London mit den Raketen, da habe ich mir immer gesagt, meine Güte, entweder *it's got your number,* und dann kannst du dich sowieso nicht verstecken, oder *it hasn't got your number,* dann brauchst du dich nicht zu verstecken. Ich habe mich auch nicht versteckt. Ich war eine Nacht in der U-Bahn unten, wo Hunderte von Leuten saßen. Diese Art von Kommune fand ich sehr unangenehm, es war kalt und auch nicht sicher. In einem Luftschacht ist dann eine Bombe explodiert, da bin ich ruhig geblieben. Ist das Fatalismus? Oder was ist es?

FJR: Das wollte ich dich fragen, ist es ein Stück Fatalismus, oder ist es auch wieder ein großes Stück Lebensenergie?

Tabori: Energie? So kann es vielleicht scheinen. Nein, ich hatte immer, was Engländer *luck* nennen, also Glück nicht im Sinne von *happiness.* Gelegentlich habe ich darunter gelitten – weil vielleicht meine Mittelmäßigkeit damit zu tun hat. Um ein wirklich großer Dichter zu sein, müßte man mehr leiden. Und ich habe eigentlich nicht sehr viel gelitten und tue es auch noch immer nicht. Aber warum ich immer darüber schreibe: Ich glaube, man will etwas kennenlernen, denn die Angst kommt vom Unbekannten.

FJR: Willst du das wegschreiben oder herbeischreiben?

Tabori: Das ist eine gute Frage. Eine gewisse Erleichterung entsteht natürlich dadurch, daß man das zum Ausdruck bringt, die Beziehung zum Tod. In «Mein Kampf» ist es eine schöne Frau; ich dachte mir, wenn ich schon sterben will, und es ist unvermeidlich, dann sollte es in der Phantasie anstatt des Sensenmannes – so etwas Widerliches – schon eine Frau sein. So hatte ich in den letzten Jahren einen Wunschtraum, den habe ich sogar niedergeschrieben: Ich möchte so sterben, wie ich geboren bin, nur andersherum. Aber es ist natürlich sehr schwierig, eine Frau zu finden, die bereit ist...

FJR: ...dich aufzunehmen.

Tabori: Mich aufzunehmen und dann am Ende eine Leiche zwischen den Schenkeln und in den Armen zu haben. Aber, apropos, hier in Wien ist ein bekannter Hollywood-Regisseur, ich sollte besser den Namen nicht nennen, so verblichen im «Hotel Imperial», auf einer Frau, die noch dazu verheiratet war. Und jetzt passierte das Furchtbare: Sie hat bemerkt, daß er tot ist, und versuchte sich zu entfernen, aber es gelang ihr nicht. Und endlich hat sie doch den Nachtportier gerufen, und sie versuchten alles, aber es ging nicht. Und da hat man die beiden in einem Wäschekorb rausgeschmuggelt, und in einem Krankenhaus wurde sie dann entkorkt, sozusagen.

FJR: Es gibt – bei Benn, bei Brecht diesen Traum, am schönsten wäre es, gar nicht geboren worden zu sein; der ist ja nicht weit weg von dem, wieder dahin zurückzukriechen, wo man herkommt. Mir scheint, du wolltest immerhin zwischendurch ganz gern mal dasein.

Tabori: Ja, ich glaube, das ist so. Pessimismus kann ja auch kitschig sein, und dieses «Besser nie geboren sein» ist es. Nein, ich finde Leben eigentlich immer interessant. Das klingt frivol, aber wenn ich bedenke, was ich hienieden alles so beobachtet oder erlebt habe. Was mich sehr oft gerettet hat und noch immer rettet, ist die Neugierde. Ich finde, daß diese Neugierde – das ist ein schönes Wort, besser als *curiosity* – der Rettungsring ist.

FJR: Und die nimmt gar nicht ab bei dir? Gibt es nie dieses Gefühl des Déjà-vu: Ach, nun weiß ich es alles, ich habe schon genug Caravaggio-Bilder gesehen und genug Beethoven gehört und genug Thomas Bernhard gelesen, ich muß das nicht mehr?

Tabori: Vielleicht habe ich vom Theater gelernt, wie man das Unwiederholbare wiederholen kann, also die Bereiche der Freiheit und Spontaneität. Das geht, wenn man das Neue sucht. In sich selber. Man kann seine eigene Hand beobachten und an ihr was Neues finden, im Raum, in den anderen, was man hört, was man sieht. Dieses Déjà-vu, da hat Saul Steinberg mal eine schöne Karikatur gemacht für den *New Yorker*, einen Tisch mit einer Flasche und einem Buch; darunter steht: «déjà vu, déjà lu, déjà bu». Aber dieses Gefühl habe ich fast nie.

FJR: Nun ist das Wesen der Theaterarbeit, daß das Hergestellte vergeht. Von einem Theaterabend bleibt nur, böse gesagt, ein Gerücht – ob nun von Max-Reinhardt-, Fritz-Kortner- oder Peter-Stein-Inszenierungen. Die sind in dem Moment, wo sie nicht mehr gespielt werden, weg, «tot». Wenn man Glück hat, bleiben ein paar Photos, ein paar Kritiken oder heutzutage vielleicht eine Fernsehaufzeichnung. Die Arbeit selber ist weg, ganz anders, als wenn du die «Buddenbrooks» schreibst.

Tabori: Ja, das Theater ist das einzige, wo man nicht ein Objekt produziert, das bleibt und das bleibt, weil es gleichzeitig tot ist. Ich finde umgekehrt, ein Objekt ist tot, ob das ein Bild ist oder ein Buch oder ein Film, auch ein Photo. Aber im Theater kann man nicht Objekte produzieren; die Objekte sind nicht Objekte, sondern sind Menschen, und wenn man genauer hinguckt, sind sie immer anders, auch wenn eine Inszenierung so präzis ist wie bei Stein oder wie bei Brecht meistens. Das interessiert mich auch nicht besonders, ich finde es sogar unangenehm. Denn dadurch wird die Essenz des Theatermachens verraten. Wenn man dieses immer wieder Neue, das Vergängliche, das Unperfekte versucht zu manipulieren, in ein Objekt zu verwandeln – das geht nicht. Vielleicht mache ich darum immer noch Theater.

FJR: Und es ist kein bißchen lähmend, daß immer weg ist, was man produziert? Das muß doch auch für einen Schauspieler grauslich sein. Er hat, wenn er ein guter Schauspieler ist, ungeheuer viel von sich gegeben, und nach der zwanzigsten oder zweiten oder achtzigsten Aufführung ist es vorbei, und niemand weiß es mehr, außer ein paar Freaks, die sich erinnern, wie die Giehse in der Schaubühne als «Mutter» war. Aber sonst...

Tabori: Das ist ja der Horror und das Pathos des Theatermachens. Es ist wie im Leben.

FJR: Es sind lauter kleine Tode?

Tabori: Am Ende sind es sechs oder acht Leichen wie bei Shakespeare, der Vorhang geht runter, und am nächsten Tag sind sie wieder da.

FJR: Die stehen schon auf, wenn der Vorhang zu ist, das ist ja das Angenehme. Gut, sie sterben und sterben, und so viele Aufführungen, wie es gibt, sterben sie jedesmal und verbeugen sich beim Applaus und sind gar kein bißchen tot, und Theaterblut ist das schönste Blut, weil es kein wirkliches Blut ist. Aber Theatermachen heißt, unentwegt etwas Vergängliches produzieren; anders als eine Komposition, anders als ein Bild, anders als ein Buch.

Tabori: Was aber das Theater hat, eben was du beschreibst, ist dieses Hier-und-Jetzt-Denken. Es ist ein bißchen zen-buddhistisch – eigentlich hat das Wort Präsenz oder *presentation* oder *représentation* etwas mit Theater zu tun –, es funktioniert nur dann, wenn man sozusagen an hier und jetzt denkt, in dem Moment. Es geht darum, die Gegenwart einzufangen, es ist die Fähigkeit im Hier und Jetzt, also in der Gegenwart zu sein und dadurch die Gegenwart zu vergrößern, bis zwei Stunden vorbei sind. Und das ist für mich Präsenz, es hat ja mit dem Wort Gegenwart zu tun: daß man da ist, gut, schlecht oder mittelmäßig. Und das kann nur das Theater, nicht mal der Film; denn was man da sieht, ist schon eine Reproduktion, ist schon ein Objekt. Aber im Theater, auch wenn du Hamlet fünfzehnmal gesehen hast, wenn er kommt und sagt «Sein oder Nichtsein», empfindest du es, als passierte es zum ersten und letzten Mal. Und darum ist, glaube ich, das Theatermachen, das Theater überhaupt für mich immer noch so schön. Dann ist natürlich Thanas triumphierend – äh, *Freudian slip*, Eros triumphierend. Wie heißt der Goethesche Satz «Verweile doch, du bist so schön» – das geht im Theater, die Erweiterung des Gegenwärtigen. Und dadurch ist das Theater zwar vergänglich, aber es ist auch nicht gefährdet vom Tod.

FJR: Das ist die schöne Lüge des Theaters, denn dieses «Verweile doch, du bist so schön» geht im Leben nicht. Das ist ja das, wovon wir gerade sprechen. Irgendwann kannst du soviel sagen: «Verweile doch», wie du willst, es verweilt nicht.

Tabori: Aber dann denkst du schon an die Zukunft. In diesem Moment, wo Romeo sagt: «Doch still, was schimmert durch das Fenster dort? Es ist der Ost, und Julia die Sonne!» ist er da, und es gibt keine Zukunft und keine Vergangenheit, wenn die Szene richtig läuft. Das ist sehr schwer. Aber das ist eigentlich, was auch im Leben das Talent ist, also hier und jetzt sein und nicht daran denken, was später kommt oder wie es war. Sehr schwer. Aber doch ist die Möglichkeit da, daß die Gegenwart verweilt. Dieses Subjektive – ich finde, in der Liebe kommt es gelegentlich vor.

FJR: Kann es sein, daß diese «Heute-und-hier»-Confessio als Zentrum deiner Theaterarbeit doch das ist, was ich vorhin gemeint habe mit: den Tod überlisten?

Tabori: Überlisten scheint mir, wenn ich das Wort richtig verstehe, ein bißchen zu optimistisch. Es kommt mit zunehmendem Alter eine Zeit der, nennen wir es Nekrophobie oder die Beschäftigung mit diesem ungreifbaren, letztlich unbegreifbaren Thema. Oder Angst. Die vorbeigeht. Die vielleicht in dem Satz – ich weiß nicht, stammt der von Milton oder John Donne – steckt: «*After many a summer, the swan also dies.*»

FJR: Wenn es näher heranrückt, wird es auch ferner?

Tabori: Es ist nicht mehr so bizarr, nicht mehr so beängstigend, es wird das Undenkbare denkbar. Vielleicht kommt dadurch eine Erleichterung. Aber ich denke noch einmal daran, was du gesagt hast über das Überlisten des Todes. Vielleicht geht es doch darum.

«Der Kalte Krieg in den Köpfen»

Gespräch mit Pavel Kohout

FJR: In Ihnen nistet offenbar ein gewisser Groll, und zwar seit langem, daß die liberale oder linksliberale Öffentlichkeit in der Bundesrepublik kommunistische Dissidenten eher stiefmütterlich, wenn nicht gar schlecht behandelt hat. Ist das richtig?

Pavel Kohout: Ich glaube, daß die deutsche intellektuelle Linke sich – bis auf Ausnahmen – in den letzten zwanzig Jahren politisch-menschliche Fehler zuschulden kommen ließ, die dann auch das Denken der Intellektuellen in dem damaligen Ost- und Mitteleuropa negativ beeinträchtigt haben; daß diese, obwohl sie die deutschen Linken für die logischen Verbündeten hielten, plötzlich feststellen mußten, daß die mit einem anderen Zug in eine andere Richtung fahren.

FJR: Ich verstehe Sie nicht ganz. Mir scheint, daß die liberale oder linke Öffentlichkeit gerade den Dissidenten in der DDR, der Tschechoslowakei, in Rumänien sehr früh ihr Augenmerk und auch die Möglichkeit zur Stimme gegeben hat. Um es einmal sehr scharf zu sagen, lieber Pavel Kohout: Als Sie noch Kommunist waren und den Kommunismus verteidigt haben, haben Rowohlt-Mitarbeiter schon die Manuskripte von Robert Havemann in der Unterwäsche rausgeschmuggelt. Ein Beispiel für viele andere, von Ernst Fischer über Kolakowski bis Reiner Kunze.

Kohout: Wenn ich Ihnen eine Frage stellen könnte: Was, glauben Sie, ist das wichtigste Ereignis gewesen, das das Leben von Leuten wie Kundera, Klima, Vaculík, Kohout und vielen anderen Kommunisten unter den tschechischen Schriftstellern am meisten geprägt hat? Daß wir dahinterkamen, besten Willens, aber schwachen Verstands eine Sache unterstützt zu haben, die nur ideell, aber sonst überhaupt nicht stimmte, weil auf falschen Voraussetzungen gebaut; und daß unsere Selbstkritik in den späten fünfziger Jahren öffentlich und freiwillig zum Ausdruck kam, als das Reich des Kremls am stärksten war.

FJR: Etwas spät, Jahre nach Budapest.

Kohout: Das ist beweisbar anhand von Literatur. Ein Kohout hat 1953 noch Gedichte auf Stalins Tod geschrieben, aber bereits 1955 geriet er in den ersten großen Konflikt mit der Macht, nachdem er ein armeekritisches Stück, «Septembernächte», schrieb. Wir begriffen das Wichtigste bereits Anfang der sechziger Jahre. Wenn Sie meine Korrespondenz mit Günter Grass, die ja in der ZEIT erschien, lesen...

FJR: Die ist aber von 1967.

Kohout: Inzwischen waren schon meine sechs regimekritischen Stücke aufgeführt worden, zwei davon verboten, und ähnliches gilt auch für andere, die dann Reformkommunisten und schließlich Dissidenten wurden.

FJR: Immerhin haben Sie gerade in diesem Briefwechsel mit Grass 1967 noch einen wie immer reformierbaren Kommunismus verteidigt.

Kohout: Jaja!

FJR: Zu einem Zeitpunkt, wo andere sich schon längst vom Kommunismus oder Marxismus gelöst hatten, konnten Sie noch voller Verve von «einer klügeren Generation» schreiben, «die an die Zukunft des Kommunismus glaubt wie ich». Sie schwärmten von der Aussicht auf eine «Zeit, in der die sozialistische Ökonomie und mit ihr die sozialistische Demokratie... Resultate aufweisen werden, wie sie der Kapitalismus wegen seiner von ihm gesetzten Schranken nicht hervorbringen kann».

Hm. Das haben Sie geschrieben zu einer Zeit, zu der viele Kollegen von Ihnen schon in bitterer Not durch den Kommunismus lebten oder stranguliert waren oder ihre Manuskripte in den Westen schmuggelten, die wir, die von Ihnen attackierte liberale Öffentlichkeit, immerhin gedruckt haben.

Kohout: Ein Havemann hatte nie eine Hoffnung haben können auf einen demokratischen Sozialismus in der DDR, damals war doch Kurt Hager an der Macht, der bald den Angriff des Warschauer Paktes initiierte. Während wir uns auf einem Hoffnungstrip befanden. Die Reformen in der Tschechoslowakei starteten nicht im Januar 1968, sondern bereits kurz nach Budapest. Und es gab mit der Zeit eine berechtigte Erwartung, daß man aus den Strukturen der Kommunistischen Partei heraus eine wirkliche Veränderung herbeiführe, das konnte sich nur die tschechoslowakische KP erlauben, die einzige im Osten, die nicht nach dem Krieg auf den sowjetischen Bajonetten importiert wurde, sondern mit einer demokratischen Tradition der Vorkriegsrepublik verknüpft war. Deswegen konnte ich 1976 mit gutem Gewissen Grass schreiben, daß bei uns eine Wende möglich ist. Ich glaube, die Reformen des Jahres 1968 wären weiter gegangen, es hätte damals Gleiches passieren müssen, was jetzt passiert ist, nämlich daß man bald zu einer völlig demokratischen Gesellschaft hätte übergehen wollen.

FJR: Also eigentlich die Abschaffung des Sozialismus.

Kohout: Aber das ist das fragliche «Was wäre, wenn...» Ich möchte zurück zu dem Thema, das Sie angesprochen haben. Jene tiefe innere Wende mit Schuldbekenntnis und tätiger Reue sind sich die meisten deutschen Linksintellektuellen schuldig geblieben. Die Tatsache, daß viele von ihnen, ohne eine Analyse des Gesagten und Geschehenen zu machen, den realen Sozialismus auch im nachhinein für reformierbar halten, das ist meiner Meinung nach der wesentliche Unterschied zwischen der Lage bei uns und bei Ihnen.

FJR: Zwei Einwände. Der eine: Wir reden ja im Moment von Zeiten vor der Einigung Deutschlands, also von westdeutschen Intellektuellen; da gab es kaum Marxisten, geschweige denn Kommunisten. Deswegen nennen wir sie ja auch Linksliberale oder linke Schriftsteller. Die unterscheiden sich wesentlich von Ihrer Gruppe, die lange, für meine Begriffe: zu lange, meinte, der Kommunismus sei doch reformierbar.

Kohout: Natürlich haben sie es gemeint und auch laut wiederholt fast bis zum Ende. Aber: Ich halte auch Willy Brandt für einen linken Intellektuellen. Und ich habe vorwiegend Lobworte für ihn, auch für Helmut Schmidt. Ich glaube, daß diese beiden Männer den richtigen Weg gefunden haben. Brandts Kniefall wie Schmidts Doppelbeschluß sind für mich untrennbar. Der eine demonstrierte, daß man eine gemeinsame Sprache finden muß; der andere, daß das bei weitem nicht bedeutet, Kanonen einseitig in Pflugscharen zu verwandeln und den Kreml zu weiteren Aggressionen zu ermuntern.

FJR: Helmut Schmidt würde für sich sicherlich nicht den Terminus «linker Intellektueller» in Anspruch nehmen. Aber beide, auch Brandt, darauf lege ich doch großen Wert, waren ja nicht Marxisten, geschweige denn Leute, die irgendeine Form von Kommunismus oder Sozialismus für reformierbar oder verbesserbar hielten. Im Gegensatz zu Ihnen und Ihrer Gruppe. Da ist doch ein ganz essentieller Unterschied. Und da drehe ich jetzt mal die Sache um: Eigentlich ist es doch merkwürdig, wenn nicht befremdlich, daß so intelligente, begabte und auch nicht ganz uninformierte Leute sich so lange sowohl zum Kommunismus bekannten als auch – wie Sie in dem Briefwechsel mit Grass – Stalin verteidigten in Formulierungen, die ich geradezu für bedenklich halte: «Stalin mit Hitler zu vergleichen ist ein effektvoller Unsinn. Nicht deshalb, weil der letztere besiegt wurde. Deshalb, weil Stalin nicht einmal in der Zeit der politischen Persekution der Revolution ihr Fundament genommen hat: den gemeinsamen Besitz von Kapital und Produktionsmitteln. Der Humanist kann dem leidenschaftlich entgegenhalten, daß das zuwenig ist. Fürwahr, es ist kein Trost für die Toten und auch nicht für die Hinterbliebenen. Doch ein nüchterner Mensch kann darüber nicht hinwegsehen, daß gerade diese Tatsache es der UdSSR ermöglicht hat, schon vier Jahre nach Stalins Tod mit der Eroberung nicht nur des Weltraums, sondern vor allem des Raums für die menschliche Freiheit zu beginnen, in dem allein sich die Zielsetzung der Oktoberrevolution erfüllen kann.» Und nun kommt jemand, der wie Sie diese Position gehalten hat, und sagt: Ihr aber – die wir das gar nicht waren, weder Kommunisten noch Reformsozialisten –, ihr habt uns im Stich gelassen. Diesen logischen Schluß verstehe ich nicht.

Kohout: Wir sprechen aneinander vorbei. Es gab keine Gruppe in der tschechischen Literatur, es gab Kommunisten und Parteilose. Die haben sich aber noch am Anfang der sechziger Jahre zusammengetan. Das war eigentlich das wichtigste an unserer Entwicklung: Die meisten haben gleichzeitig begriffen, daß Straßenbarrikaden immer von den anderen vereinigten Brüdern niedergewalzt werden. Die Havels und Kohouts sind in den frühen sechziger Jahren Verbündete geworden, weil sie begriffen hatten, daß die einen – und das ist die Antwort auf Ihre Frage – nach wie vor Kommunisten bleiben müssen, um die Palisaden von innen zu öffnen, und das funktionierte wirklich bis zum 21. August 1968. Danach glaubte bei uns keiner mehr, daß die Sache noch reformierbar ist. Vom 22. August 1968 an konnten nur noch Opportunisten so tun, als ob sie weiter daran glaubten.

FJR: Ist es nicht blauäugig, so lange an eine Reform und Reformierbarkeit des Kommunismus oder Sozialismus zu glauben?

Kohout: So war das doch gar nicht. Das war anders.

FJR: Das haben Sie aber, auch Sie persönlich, proklamiert. Es gab ja immerhin Jahrzehnte vorher schon eine Menge westeuropäische, auch amerikanische Schriftsteller, Denker, Künstler, die ganz fundamentale Kritik angebracht haben. Die haben Sie ganz offenbar entweder nicht zur Kenntnis genommen – von Gide über Koestler und Ignazio Silone bis zu Manès Sperber oder Hans Sahl. Das alles haben Sie entweder weggedrängt oder – wie die Moskauer Prozesse und in Ihrem Land den Slánský-Prozeß – für einen Unfall der Geschichte gehalten. Sind Ihnen da nicht schon viel früher Zweifel gekommen?

Kohout: Ich versuchte im «Tagebuch eines Konterrevolutionärs» den ganzen Gedankenweg meiner Generation nachzuvollziehen, um in ganz konkreten Zeitspannen ganz konkrete Gedankengänge zu identifizieren. Ich war siebzehn nach dem Krieg und gezeichnet durch Weltwirtschaftskrise, Münchner Abkommen, Faschismus, den alten Panslawismus und die frische Befreiung durch die Rote Armee. Das alles nach einem Informationsloch von sieben Jahren; zwei Jahre später kam als zweite Zäsur die des Kalten Krieges. Allesamt verfälschte oder verspätete Informationen. Aber im Moment, wo wir Verdacht schöpften, daß es nicht stimmt, versuchten wir, die Denkfehler der Reihe nach zu korrigieren. Wir begriffen, daß der Weg zur Korrektur allein durch eine Reform führen muß, nicht durch eine Revolution, wie es die anderen vergeblich versuchten. Und eine Reform braucht zunächst die Reformer, also mußten es die Kommunisten sein, die blieben, um sie selbst einzuleiten. Natürlich mußte man dabei gewisse Taktiken anwenden. So hat keiner darüber gesprochen, daß man aus dem Warschauer Pakt austreten und andere Parteien zulassen möchte. Aber es war klar, daß das B nach dem A kommen muß, daß die Reform der Kommunistischen Partei eine normale pluralistische Gesellschaft nicht ersetzen kann. Nicht einmal ein Havel hat das jedoch laut verlangt. Das ist bezeichnend, dieser Konsensus der ganzen Gesellschaft der sechziger Jahre, nicht über gewisse Themen zu reden, bevor man nicht die wichtigste Brücke überquert. Und er war das, was später auch zu der Charta führte. Damals mußte man doch damit rechnen, daß die Sowjetunion noch weitere Jahrzehnte besteht – und trotzdem versuchen, aus der Schlinge glimpflich herauszukommen; und das ist beinahe gelungen. Als dann doch der Rückschlag kam, haben die Wortführer aller Couleurs gesagt: Wir haben diese Chance verloren, sind aber überzeugt, daß das alte Modell absolut falsch ist, dazu stehen wir, koste es, was es wolle. Was ich nicht verstehe: warum Menschen, die das alles in der BRD, aber sogar in der DDR mitverfolgt haben, sich noch weitere zwanzig Jahre Illusionen machten. Sie sprechen fortwährend von den Liberalen, die ohne Zweifel versuchten, uns mindestens in Krisensituationen eine Tribüne zu bieten. Aber das Gros der westdeutschen linken Intellektuellen war eisig gegen uns alle eingestimmt.

FJR: Sie meinen, gegen die, die im Begriff waren, den Sozialismus schon abzubauen?

Kohout: So ist es. Als Mißgeburt. Das hat man falsch verstanden als einen Frontwechsel. Den können Sie aber bei keinem der Menschen, die Sie Gruppe nennen, feststellen; sie blieben zwischen den Stühlen stehen, in einer unabhängigen Position, keiner hat einen Rechtsruck durchgemacht. Sie blieben sich selbst treu in der sozialen Hinsicht, sind auch heute nicht für einen ökonomischen Radikalismus, obwohl sie verstehen, daß es vielleicht wirklich in dem Moment keine andere Alternative zu dem eingeschlagenen Kurs gibt.

FJR: Nun kommt aber eine andere Überlegung; gleichsam eine erweiterte Frage: ob Ihnen nicht doch, gerade aus Ihrer eigenen biographischen Erfahrung, verständlich ist, daß es bei deutschen Intellektuellen lange Jahre nach dem Krieg bis meinetwegen in die sechziger Jahre hinein eine große Scheu vor Antikommunismus gab. Oft vielleicht falsch begriffen, oft vielleicht zu eng gesehen, gelegentlich vielleicht Unrecht tuend einer Person in einem konkreten Fall. Aber generell müßte Ihnen doch verständlich sein, daß – frei nach Tucholskys Dictum «Ich bin kein Bolschewist, aber ich bin Anti-Antibolschewist» – diese Scheu, sich in irgendeine Form des geistigen Antikommunismus zu begeben, eine historische Berechtigung hatte. Immerhin war neben dem Rassismus der Antikommunismus das ideologische Herzstück des Faschismus und auch das Staatscredo der Adenauer-Jahre in der Bundesrepublik.

Kohout: Ich mag den Antikommunismus ebensowenig wie Sie, nur darf man doch nicht, vor allem im Bereich der Kunst, fortwährend an den sogenannten Beifall von der falschen Seite denken. Diese Angst ging so weit, daß man nicht einmal die Wahrheit hören wollte, weil man das Gefühl hatte, sie spielt in die Hände der Kalten Krieger. Ich glaube jedoch, daß jene Angst einen anderen Grund hatte. Viele deutsche Intellektuelle liebten ihren irrealen Sozialismus so, daß sie sich mit der Vorstellung nicht abfinden können, es gäbe ihn nirgends und hätte ihn nie gegeben. Manche von ihnen haben ihn doch wirklich, wenn nicht für einen echten gehalten, dann wenigstens für das kleinere Übel als den Kapitalismus, eine peinliche, aber notwendige Übergangsform. Ich habe das Mitte der achtziger Jahre expressis verbis von führenden Köpfen des VS gehört: Man müsse einige Jahre aushalten, bis man sicher ist, daß es zu keinem Weltkrieg kommt, dann würde die Liberalisierung im Osten von selbst anfangen. So durfte ein schlechter Politiker denken, nicht aber Kollegen, die mir damit zu erklären versuchten, warum man einen inhaftierten Havel nicht intervenieren will: weil man momentan vorrangig an den Weltfrieden denken muß. Ähnliches muß ich auch so manchen DDR-Kollegen vorhalten, nicht denen, die das Land verlassen haben, sondern jenen, die blieben, aber ziemlich oft im Westen publizierten oder arbeiteten, wo sie fortwährend das Gefühl weckten, es sei etwas dran an diesem Sozialismus. Von seiten dieser Kollegen ist auch in all den Jahren kein einziges Zeichen von Solidarität gekommen. Das war ein schwarzes Loch in dem europäischen Dissens, die intellektuelle DDR-linke Elite, die bei den Linksliberalen der Bundesrepublik auf Anhieb ihr Zuhause fand, während die Biermanns und Fuchsens dort fast wie im Ausland lebten. Es gibt doch eine Grenze der Erkenntnis und des Gewissens, bis zu der man noch glauben und Zurückhaltung üben darf. So durften wir bis zu dem 21. August hoffen, daß unser Pseudosozialismus reformierbar sei. Es gab nichts Friedlicheres in der Welt als den Prager Frühling. Nach seiner Niederwalzung war es kaum verständlich, daß Menschen mit der Möglichkeit der Westler, sich ein objektives Bild zu schaffen, an den «realen» Sozialismus weiter glaubten. Leute von großem Intellekt waren spätestens jetzt verpflichtet, ihren Anhängern mindestens Zweifel anzudeuten. Ich frage nun, bitte, was ist die Folge dessen, daß viele deutsche Intellektuelle, die Respekt genossen und die große Autorität hatten, einen Einfluß auf die nächste Generation ausübten, der zum Beispiel zu folgendem führte: Im Januar letzten Jahres kam ich in Hamburg angeflogen, um zu inszenieren, und fuhr vom Flughafen durch eine Großdemonstration von Studenten und Schülern, die nicht gegen Saddam, sondern gegen Bush demonstrierten. Ich war schockiert. Wie kann man die besten Gefühle einer jungen Generation, die sich ja immer nach Gerechtigkeit und Gleichheit sehnt, dermaßen verwirren? Ich bin kein Amerika-Fan, aber es ist mir klar, daß, abgesehen von allen schrecklichen Kontrasten in diesem Wahnsinnsland, wann immer die menschliche Zivilisation und die grundsätzlichen Rechte weltweit bedroht waren, dieses Amerika sie gerettet hat, koste es, was es wolle. Und trotzdem wird es hierzulande von vielen für schlimmer als das Saddam-Reich gehalten. Auch in Dresden rief man am 20. Mai auf zu einer Versammlung «Kriegsverbrechen der Amerikaner gegen den Irak und 6000 Jahre Menschheitsgeschichte». Was bedeutet das? Daß diejenigen, die die deutsche Jugend – als Künstler, als Denker, als Lehrer – zum Denken führen sollen, nach wie vor Gefangene ihres Wunschdenkens sind.

FJR: Das stimmt ja nicht ganz, was Sie sagen. Erstens hätten Sie zum Beispiel in dieser Demonstration, wäre er nun dagewesen, unseren gemeinsamen Freund Günter Grass treffen können, der genau diese Meinung hat; jemand, den Sie vorhin extra und richtigerweise ausgenommen haben als einen Nichtideologen, den Sie als jemanden sehen, der eine vollkommen richtige Position sowohl vis-à-vis dem Kommunismus wie vis-à-vis den westlichen Demokratien hat. Mich stört ein bißchen, daß Sie alles zu genau wissen und sich selber gar nicht in Frage stellen. Zum Golfkrieg haben nicht unisono «die» deutschen Intellektuellen sich Bush niedlich gemacht oder umgekehrt Amerika attackiert. So konnte man weder Enzensberger noch Biermann verstehen.

Kohout: Der Biermann hegt doch das gleiche Gefühl wie ich, er kämpft gegen eine vorherrschende Stimmung. Und das ist, was ich unterscheiden möchte. Was erreichen einige Intellektuelle gegen eine allgemeine Psychose? Ich behaupte, daß es in breiten Kreisen seit Jahrzehnten eine solche gab und noch gibt. Dies ist zum Beispiel das erste Gespräch, das ich in einem großen Feuilleton führen kann, obwohl ich es schon vor zehn Jahren führen wollte. Die übliche Antwort: uninteressant für den deutschen Leser.

FJR: Wir wollen doch zurück zu dem eigentlichen Vorwurf, für dieses Klima seien die intellektuellen Wortführer verantwortlich (wenn es denn solche gibt). Und jetzt habe ich Ihnen mit drei Beispielen – Grass, Biermann und Enzensberger – drei total verschiedene Meinungen benannt. Sie müßten mir jetzt schon acht andere nennen, die ein Klima, sei es antiamerikanisch, sei es gegen die Dissidenten aus den Ostblockländern, kreiert hätten. Ich glaube, daß das wirklich nicht stimmt. Es klingt mir fast zu sehr nach Verteidigung, wenn ich hinzufüge, daß ich selber über die Jahre hin für die *ZEIT* Interviews mit Kolakowski oder Etkind oder Milosz gemacht habe.

Kohout: Sie nennen immer wieder ein paar Namen. Woher kommt dann das Klima? Von wo? Wer ist dafür verantwortlich, daß plötzlich Zehntausende junge Menschen auf die Straße gehen und im besten Falle keinen Unterschied machen zwischen Recht und Unrecht? Wie erklären Sie sich das, nicht mir, aber Sie sich das? Wie kommt es dazu? Und wie erklären Sie sich selber, daß man in Deutschland regelmäßig seit 25 Jahren alle Revolutionen bei der Geburt feiert, aber keine zu Grabe trägt? Es waren schon so viele. Nach Kuba war es Nicaragua, Vietnam dazwischen.

FJR: Auch das stimmt nicht, denn sie sind ja zu Grabe getragen worden. Bleiben wir bei Kuba. Über den Fall Valladares wurde in der Bundesrepublik ausführlich berichtet, und die Zeitschrift *Kursbuch* hat ein ganzes Heft kritischer Kuba-Analysen zusammengestellt.

Kohout: Ich spüre Antidemokratismus, eine absolute Negation der Demokratie. Man hat sogar das Gefühl, wenn man den Ton der meisten innerdeutschen Diskussionen hört, daß man in Deutschland fast in einem rechtstotalitären Land lebt. Originalton Joachim Gauck: «Wer im Osten, getrieben von der Sehnsucht nach Freiheit, aufgebrochen war, kam in einem Westen an, dessen Bewahrer oft nicht erkannten, daß Freiheit tatsächlich existierte.»

FJR: Linkstotalitär oder rechtstotalitär? Bis eben haben Sie doch das Verharren in linken Positionen beklagt?

Kohout: Natürlich muß man sich immer nach einer besseren Demokratie sehnen, aber wir beide wissen doch, und das sollen die Älteren den Jüngeren sagen, daß es keine Utopie-Demokratie geben kann, weil sie immer wieder daran scheitern wird, daß sie von

Menschen gemacht wird. Was an der Demokratie eigentlich das interessante ist, daß sie als einziges Modell über die innere Kraft und Mechanismen verfügt, sich immer wieder zu erneuern.

FJR: Ich möchte doch noch den Widerspruch aufklären. Einmal sagen Sie, Sie riechen hier eine Atmosphäre des rechtsreaktionären Wiedererstarkens; andererseits sagen Sie, Sie riechen ebenfalls eine Atmosphäre von Trauer über den doch leider schiefgegangenen Sozialismus.

Kohout: Ich habe Menschen zitiert, die vor einem Rechtsradikalismus warnen, es ist nicht meine Meinung. Ich halte für eine der größten politischen Leistungen der Weltgeschichte, daß sich Deutschland innerhalb von zwei Generationen aus der braunen Soße in eine praktisch fast vorbildliche Demokratie verwandeln konnte, das ist eine große Hoffnung auch für andere.

FJR: Bleiben wir also bei der Trauer, daß ein Sozialismusversuch schiefgegangen ist. Ist das nicht auch zu verstehen? Wollen wir nur denunzieren oder belächeln, wenn Intellektuelle – dort Stefan Heym, Stephan Hermlin, Christa Wolf, Volker Braun oder an wen wir unter den Autoren denken, hier vielleicht ein Jürgen Habermas – eine lange reflektierte und gelebte Position nicht über Nacht über Bord werfen?

Kohout: An der Nostalgie stört mich nicht sie selbst, die kann man empfinden, so wie man ab und zu mit Rührung an die erste verschmähte Liebe denkt, aber daß man nicht zugleich versucht, sachlich zu bewerten: Was war wirklich sozialistisch an der Sache, was hat sie Positives gebracht? Die Tschechoslowakei war während der ganzen vierzig Jahre nur 1968 einige Monate frei, ja sogar eine Traumgesellschaft, aber das war auch gleich der Schwanengesang vor dem Tode. Ansonsten weiß ich wirklich nicht, was daran so wert war, daß man sich noch eine Wiederholung wünschen sollte. Denn auch die soziale Sicherheit war eine Täuschung, die heutige Armut ist die Saat von gestern. Der Sozialismus wurde verraten von seinen Scheinhütern, und das war das wahre Verbrechen, denn er hat geschichtlich eine ähnlich wichtige Rolle gespielt wie einst der Protestantismus, die alte Kirche mußte sich damals seinetwegen erneuern. Auch der militante Kapitalismus hat sich mindestens im Westen zivilisiert.

FJR: Für mich klingt immer noch durch, das war zwar in der Praxis alles ganz falsch, aber die Idee, an der war doch etwas Richtiges. Muß man sich aber nicht fragen: Nicht nur die Priester haben mißbräuchlich die Messe falsch gelesen, sondern die Religion selber ist falsch? Da liegt ja eigentlich der Schnittpunkt.

Kohout: Nach neunzig Jahren Versuchen muß man schon wissen, daß die Religion falsch war. Sie arbeitete mit falschen Prämissen, zum Beispiel, daß die Menschen als solche verbesserbar sind. Es muß nicht nur ein Ehrgeiz, sondern die Verpflichtung der Politiker sein, dafür zu sorgen, daß die krassen sozialen Unterschiede nicht wieder zu einem Pulverfaß führen, denn das wäre eine selbstmörderische Politik, wenn man nur Neureiche produzierte. Der soziale Aspekt einer Politik und auch der ökologische sind für mich unentbehrlich. Aber der Sozialismus war nie und nirgends am Leben, man hat nur seine Nichtexistenz als des Kaisers neue Kleider hofiert.

FJR: Sie sagen mir zu oft «man» und «die»; müßten Sie nicht auch sagen «ich»?

Kohout: Ja, natürlich! Und deswegen hielt ich es denn über zwanzig Jahre für meine Pflicht, den Irrtum gutzumachen, koste es, was es wolle. Und deswegen meine wiederholten Versuche, die deutschen Linken zu fragen: Was war dieser «reale» Sozialismus? War es in Ansätzen einer? Darf man bedauern, daß er verschwunden ist? Wie soll man ohne den sozialistischen Traum weiterleben? Was soll ihn ersetzen? Diese Antworten sind uns vor allem die schuldig, die an ihn noch unlängst glaubten und vielleicht noch glauben.

FJR: Und der Herr Kohout auch.

Kohout: Der versucht es gerade.

FJR: Aber ich würde jetzt gerne eine richtige Antwort haben. Wir sind ja jetzt auch im *inner sanctum* eines Schriftstellers. Also wenn Sie den Traum verabschiedet haben – was heißt es für den Schriftsteller Pavel Kohout, wenn er eigentlich weiß, Erfahrung kann man nicht weiterreichen?

Kohout: Ich habe zwei Konsequenzen gezogen, ganz praktische. Die erste: Ich schreibe darüber Romane und Stücke. Und die zweite? Wer einmal einen eklatanten Denkfehler macht, auch wenn er sein intellektuelles Versagen zu korrigieren wußte, bevor es in ein moralisches entgleiste, der sollte sich eine weitere Belehrung, geschweige denn Führung der Gesellschaft ersparen.

FJR: Sich und der Gesellschaft?

Kohout: Genau das!

«Kein Bankett bei Jelzin»

Gespräch mit Alexander Solschenizyn

FJR: Herr Solschenizyn, Ihr Gesamtwerk ist einerseits Historie, andererseits Erzählung, und das ist das Komplizierte daran. Wo würden Sie die Balance ansetzen zwischen einem reinen Geschichtsbuch, gar erzählten Geschichtsbuch – das gibt es ja auch; in Deutschland etwa Golo Mann –, und Fiktion? Das ist eine ganz dünne Grenze.

Solschenizyn: Natürlich, das rechte Verhältnis zwischen dem historischen Material und der künstlerischen Darstellung zu finden ist in einem so umfassenden Werk wie «Das Rote Rad» nicht leicht. Beide Aufgaben standen vor mir. Das Historische mußte ich sehr sorgfältig vermitteln, besonders weil es bei uns völlig verschüttet und vergessen ist. In der Vergangenheit machten das Autoren so: Um ein bekanntes historisches Ereignis darzustellen, wurde künstlich eine fiktive Person herangezogen. Ich finde diesen Ansatz sehr künstlich, ungeschickt. Ich habe einen anderen Weg eingeschlagen und keinerlei fiktive Figuren eingefügt, die zwischen den historischen Ereignissen hin und her pendeln. Wenn ich ein historisches Ereignis darstelle, dann nehme ich die historischen Personen, die daran teilgenommen haben. Daher sind erfundene, fiktive Personen bei mir in den Hintergrund geschoben. Sie schaffen die Atmosphäre des normalen Alltagslebens, das weiterläuft. Das historische Material ist daher vorrangig, denn darin liegt die Hauptaufgabe des Buches. Meine künstlerische Aufgabe sehe ich darin, so tief wie möglich in die historischen Figuren einzudringen und sie von innen darzustellen.

FJR: Wo beginnt der kleine liebe Gott Solschenizyn zu schöpfen?

Solschenizyn: An jeder Stelle der Epopöe, mit jeder Person, mit den Staatsvertretern ebenso wie mit den Menschen von der Straße.

FJR: Die schwierige Frage ist: Verändern Sie die Psychologie der historischen Figur, oder bleiben Sie vollkommen faktentreu? Beginnt der Kreator, der kleine liebe Gott – und das ist ja jeder Schriftsteller –, also in den psychologischen oder nur in den dramaturgischen Abläufen?

Solschenizyn: In beidem.

FJR: Das heißt, Sie erfinden Handlungs- und Situationsläufe – zum Beispiel der Zar weinte, der Zarin war unwohl –, verändern aber auch die psychologische Struktur?

Solschenizyn: Zunächst zum Bereich Handlung. Den Vorgang ändere ich nie. Ich ergänze nur die kleinen Stellen, die von der Geschichte nicht festgehalten und überliefert sind. Die Psychologie hingegen ist in der Geschichte sehr selten unmittelbar dokumentiert. Das ist gerade der Bereich, den der Künstler aufdecken muß.

FJR: Nun ist das ein ganz komplizierter Vorgang. Wenn Sie das tun, gerade mit historischem, politischem Personal, können Sie damit natürlich auch Moralitäten verändern, das heißt, Sie können der einzelnen Person eine andere moralische Haltung, einen anderen moralischen Ablauf implantieren. Dadurch könnten Sie sie verändern, wenn Sie das Uhrwerk der Psychologie selber in gewisser Weise einsetzen.

Solschenizyn: Ich dringe nicht ein, sondern ich versuche mit aller Kraft herauszulösen, wie sie hat sein können.

FJR: Können! Es hätte in Wahrheit anders sein können?

Solschenizyn: Natürlich. Ich kann mich irren. Es könnte auch anders sein. In keinem Falle füge ich etwas hinzu: Soll es doch so sein. Ich möchte, daß sie so oder so gedacht hat! Ich versetze mich ganz in sie und versuche, sie zu verstehen.

FJR: Was in der historischen Figur vor sich geht?

Solschenizyn: Ja.

FJR: Sie stellen sich das vor – man nennt das heute Mutmaß-Prosa: Man mutmaßt, es könnte so gewesen sein.

Solschenizyn: Eine Wahrscheinlichkeitsdarstellung.

FJR: Das hat aber moralische und auch politische Konsequenzen. Sie wollen geschichtliche Handlungsabläufe nicht nur darstellen, sondern auch interpretieren. Nun kann aber jemand, der so – wie Sie das jetzt geschildert haben – als Uhrmacher die Uhr nach der Wahrscheinlichkeitszeit – die moralische Zeit, die politische Zeit – einstellt, dadurch auch zu von ihm implantierten historischen Notwendigkeiten kommen, die vielleicht gar keine historischen Notwendigkeiten waren.

Solschenizyn: Selbstverständlich. Ein Autor kann als Mensch nicht umhin, zu dem, was er schreibt, eine eigene Meinung zu haben. Ich habe natürlich ein eindeutiges Verhältnis zu Personen, wenn ich sehe, daß sie offensichtlich ungerecht, offensichtlich böse gehandelt haben. Wenn ich hingegen bei einer historischen Person sehe, daß sie zugrunde geht oder einen Verlust erleidet, dann kann ich nicht anders, als dabei Mitgefühl zu empfinden. Ich nehme als Beispiel Miljukow, der im November 1916 eine Rede gehalten hat, die eindeutig auf Lügen basierte. Das ist der eine Miljukow. Als dann derselbe Miljukow die Übergangsregierung schuf, er war es, und alle ihn dabei betrogen und man versuchte, ihn auszuschließen, da tut er mir leid. Das ist ein anderer Miljukow. Ich habe das im «Vierten Knoten», also im «April» des «Roten Rades», geschildert.

FJR: Sie fällen historisch, politisch und – das ist impliziert – moralisch Urteile, die abgeleitet werden können aus einem von Ihnen selbst hergestellten psychologischen Lauf, aus den von Ihnen geschaffenen Wertungen von Handlungen. Das macht die Sache sogar fragwürdig.

Solschenizyn: Von meinem Gefühlssystem, da haben Sie völlig recht, Herr Raddatz, kann ich mich nicht befreien. Aber das ist nicht immer ein Verlust für die Darlegung des historischen Materials. Im Gegenteil, das kann ein Gewinn sein. Denn ich halte mich skrupulös an jedes, auch das kleinste historische Detail. Ich gehe da nie über die Grenzen. Ein Historiker aber, der das darstellt, vermittelt dabei nicht das Licht des warmen menschlichen Gefühls. Man kann über mein Gefühl streiten, aber es ist in mein historisches Erzählen eingeflossen.

FJR: Das ist das Problem. Wenn Sie sagen – das macht ja Literatur aus und unterscheidet sie von reiner Geschichtsschreibung –, daß Sie Ihren Gefühlshaushalt mit einbringen, dann können Sie auch historische Abläufe uminterpretieren.

Solschenizyn: Der Künstler hat die Gabe der Intuition, und die Intuition hat einen Tunneleffekt (das stammt nicht von mir), sie geht nicht über den ganzen Berg hinweg, sondern direkt durch den Berg hindurch.

FJR: Ich gehe einmal von dem kleinen Detail des Schreibens weg und meine auch die Idee: Wenn Sie davon sprechen, daß Ihre künstlerische Intuition und Ihr Gefühl mit eingehen, dann ist eines Ihrer großen Urteile oder Verurteilungen überhaupt das gegen die Idee von Revolution.

Solschenizyn: Keiner hindert einen anderen Künstler, eine andere Meinung dabei zu haben, eine andere Konzeption zu vermitteln, unter der Voraussetzung, daß er von keinem historischen Detail abweicht – nicht vom allerkleinsten Detail. Ich behaupte, daß es bei einer so skrupulösen Untersuchung, der ich jede historische Kleinigkeit unterwerfe, fast unmöglich ist, zu einem anderen Ergebnis, zu einer anderen Deutung zu kommen.

FJR: Ich gebe ein Beispiel, das nicht Ihres ist: die Französische Revolution 1789. Da gibt es sehr viele Fakten – und manchmal auch Löcher; Geschichte ist ja das Mysteriöseste, was es gibt –, es gibt aber ganz verschiedene Interpretationsdarstellungen von Recht und Unrecht und dem Beginn der Ungerechtigkeit in der Französischen Revolution.

Solschenizyn: Was die Februar-Revolution in Rußland anbetrifft, so ist meine Darstellung die erste überhaupt – zwar siebzig Jahre verspätet, aber die erste, die es da überhaupt gibt; es gab keine einzige. Ich gebe gern zu, wenn jemand im 21. Jahrhundert eine neue Deutung versuchen will, kann sie auch anders sein. Was aber die Französische Revolution anbetrifft, so sind die Darstellungen sehr viel früher erfolgt, fast unmittelbar nach den Ereignissen. Bei uns war es so, daß die Ereignisse sich aufeinander häuften: Der Oktober-Umsturz, der Bürgerkrieg und die Sowjetzeit haben die Februar-Revolution einfach verdrängt, als habe es sie nicht gegeben. Dann kam der Weltkrieg, die ganze Stalin-Zeit. Nach siebzig Jahren ist das die erste Darlegung der Februar-Revolution. Wir müssen warten, bis ein anderer eine andere Deutung gibt, aber unter der Bedingung, daß auch sie die Fakten in derselben Genauigkeit nicht entstellt.

FJR: Meine Frage ist, wieweit Ihr ethisches Wertesystem bei der Darstellung eine Rolle spielt.

Solschenizyn: Ich halte es für ausgeschlossen, daß ein Schriftsteller schreibt und seine eigenen ethischen Vorstellungen dabei außer acht läßt. Gegenwärtig hat der Schriftsteller seine Sicherheit verloren, daß er überzeugen kann, und er sinkt dazu ab, Literatur zur Unterhaltung, zum Vergnügen zu machen, oder er befaßt sich nur damit, sich selbst als Autor auszudrücken. In beiden Fällen entsteht eine Verflachung der Literatur.

FJR: Ich meine mich zu erinnern, daß Sie Gogol einmal sehr zustimmend mit dem Satz zitiert haben: «Die Pflicht des Schriftstellers ist, den Verstand nicht nur zum Vergnügen zu benutzen, sondern auch die Seele.»

Solschenizyn: Das habe ich in einem Interview zitiert.

FJR: Wäre das eine Art Credo oder Linie, die der Ihren gleicht?

Solschenizyn: Ich habe es jetzt so dargestellt, wie ich es sehe. Ein Schriftsteller kann von seinen moralischen Überzeugungen nicht abweichen, und er soll nicht von seinem Glauben zurückschrekken, daß sein Wort auf andere Menschen überzeugend einwirken kann.

FJR: Nun ist die Kraft Ihres gesamten Werkes, das ich für ein poetisches Werk halte, eine Art Predigt. Woher nehmen Sie die Sicherheit, daß Ihr Ethik-Apparat stimmt?

Solschenizyn: Ein Schriftsteller ist eine Einheit seiner Überzeugungen und seiner künstlerischen Fähigkeiten. Die kann man nicht trennen. Der Schriftsteller handelt elementar. Er geht nicht von einem Wissen aus, er kenne die Wahrheit und schreibe sie in der einzig richtigen Weise nieder. Goethe sagte: «Das Talent handelt wie die Natur.» Macht der Natur einen Vorwurf! Woher hat ein Apfel die Überzeugung, daß er als Apfel wachsen muß? Zwanzigtausend Jahre stehen Apfelbäume in den Gärten und geben Äpfel und Äpfel und Äpfel. Daneben gibt es natürlich auch Pflaumen, und aus Pflaumen entstehen Pflaumen.

FJR: Einspruch, Euer Ehren! Sie sprechen von dem Bewußtsein des Apfels. Der Apfel hat kein Bewußtsein. Das ist der Unterschied.

Solschenizyn: Ich ging von dem Goethe-Zitat aus: «Das Talent handelt wie die Natur», und die Natur hat natürlich verschiedene Stufen. Der Apfel ist eine Stufe, und der Künstler ist eine andere Stufe.

FJR: Da Sie kein Apfel sind, sondern ein Bewußtsein haben, ist die Frage: Wann spielt das Bewußtsein eine Rolle, die auch anfechtbar sein kann? Ich bleibe bei dem Beispiel Revolution: Ihr Ethik-Konzept belegt doch überhaupt Revolutionen – nicht nur die sowjetische oder russische Revolution – mit Mißtrauen. Ist es nicht denkbar, daß die Revolutionäre, die Vorbereiter der Revolutionen, sei es in Frankreich im 18. Jahrhundert, sei es bis hin zu Lenin, auch ein ethisches Bewußtsein hatten?

Solschenizyn: Mein Mißtrauen gegenüber Revolutionen ist nicht grundsätzlich, aus allgemeinen Überlegungen entstanden, sondern aus dem Studium unserer Februar-Revolution. Außerdem lehne ich es ab, die Überzeugung eines Künstlers der Überzeugung eines Politikers gleichzusetzen. Politiker kennzeichnet immer Einsträngigkeit, während Künstler immer umfassend denken, umfassende Vorstellungen haben. Man darf sie nicht mit der gleichen Elle messen.

FJR: Nun sind Leute, die Revolutionen erst einmal denken – nicht machen, das machen die Politiker –, denken, nicht immer Politiker. Marx war ja kein Politiker.

Solschenizyn: Marx war ein scharfer Politiker! Wenn Sie die Briefe von Marx an Engels lesen, Marx ist mit Engels so umgegangen wie Lenin mit einigen seiner Zeitgenossen: Gewissenlose, schamlose Methoden hat er angewandt.

FJR: Mit Bakunin noch schlimmer.

Solschenizyn: Auch der hat seine Mängel. Eines steht fest: Unter all denen sehen wir nicht einen Menschen der Kunst. Wenn wir also über meine Darstellung der Februar-Revolution diskutieren, dann können wir sie eigentlich nur der Darstellung des Schriftstellers gegenüberstellen, der das einmal anders schildert.

FJR: Ich bin mit dem, was Sie über Marx sagen, einverstanden. Und natürlich war Marx kein Künstler. Aber er hatte ein Ideenkonzept. Nun gibt es sogar Künstler, die Revolutionen gedacht haben – zurück wieder ins 18. Jahrhundert, sei das Voltaire, sei das Rousseau –, die das Konzept Revolution erst einmal sowohl empfunden haben – wie Sie sagen würden: mit der Seele – als auch im Kopf entworfen haben. Da gab es durchaus eine eigene Ethik.

Solschenizyn: Völlig richtig. Aber das war vor der Revolution, und dann kam die Überprüfung durch die Revolution, keine sehr gelungene.

FJR: Und die Praxis.

Solschenizyn: Vergleichen kann man uns in diesem Fall nur mit dem Revolutionär, der die Revolution nachträglich rechtfertigt und sagt, es war alles richtig. Dann erhebt sich die Frage, genügt es, von der politischen Überzeugung zu sprechen, oder müssen nicht Revolutionäre auch die ethische Richtigkeit ihres Handelns beweisen.

FJR: Das zieht meine Frage nach sich, ob Sie nicht doch auch Leuten, die die sowjetische Revolution vorausgedacht haben – ich rede nicht von denen, die den GULag eingerichtet haben, sehr früh, schon Lenin, sondern die die sowjetische Revolution als Idee konzipiert haben –, ethisches Handeln zubilligen.

Solschenizyn: Lenin konnte schon in der vorrevolutionären Zeit in der Schweiz sagen: «Natürlich werden wir sofort achthundert Gutsbesitzer aufhängen.» Sobald die Revolution losgegangen war, hat er geheime Telegramme geschickt – die bis jetzt geheimgehalten worden sind; erst jetzt werden sie endlich freigegeben –, im ersten Monat nach der Revolution: «Erschießen! Erschießen! Erschießen! Je mehr, desto besser! Keinerlei Rücksicht nehmen!» Ich bin sicher, ethische Vorstellungen hatte der überhaupt nicht! Er hatte nur die eine Überzeugung: Sobald er die Macht in Händen hat, kann er tun, was er will. Den GULag hat nicht Stalin geschaffen, sondern Lenin und in vieler Hinsicht Marx.

FJR: Dehnen Sie diese Verurteilung Lenins auf alle sowjetischen Revolutionäre aus? Ich rede nicht von der Praxis nach der Revolution, sondern vom Konzept der sowjetischen Revolution. Dehnen Sie dieses Urteil auf alle aus?

Solschenizyn: Nein, nicht auf alle. Natürlich haben viele wirklich geglaubt, es geht zu einer lichten Zukunft. Aber wir haben das Recht festzustellen, daß die Menschen nach der Revolution eine gründlichere Erfahrung haben als die, die eine Revolution nur planen.

FJR: Wenn Sie von dem kleinen Licht der nicht von Ihnen verurteilten Revolutionäre sprechen, von diesem Licht der Hoffnung – ich sage es einmal metaphorisch –, wie erklären Sie, daß dieses kleine Licht einer Hoffnung für eine bessere Menschheit oder wie immer so lange und so viele Menschen in Rußland fasziniert hat?

Solschenizyn: Es ist den Menschen an sich eigen, an die lichte Zukunft und an die lichten Gefühle im Menschen zu glauben. Aber als die Religion vom 18., eigentlich auch schon vom 17. Jahrhundert an schwächer wurde, übertrugen die Menschen diesen religiösen Glauben ausschließlich auf den sozialen Bereich.

FJR: Eine säkulare Religion?

Solschenizyn: Ja. Mit dem Verlust des religiösen Gefühls wurde der Weg des Menschen zur Selbsterziehung enger. Der Schwerpunkt wurde auf den Umbau der Gesellschaft verlegt. Dadurch sollte alles gut werden, und auf diesem Weg gingen dann auch die Revolutionäre.

FJR: Woher nehmen Sie die Überzeugung, daß religiöse Werte so positive Werte sind?

Solschenizyn: Daher, daß religiöse Überzeugungen über Jahrhunderte die Menschen gehalten haben. Dadurch, daß wir – wie ich in meiner in der *ZEIT* gedruckten Rede in Liechtenstein gesagt habe – seitdem das Bewußtsein des Einen, Allumfassenden und Höchsten über uns verloren haben, haben wir jetzt auch eine falsche Interpretation der Freiheit. Freiheit wird immer mehr bezogen auf die eigenen Rechte und nicht auf die eigene Selbstbeschränkung. Gerade die Religion hat die Selbstbeschränkung gelehrt. Heute aber leidet die Welt gerade unter dem Mangel an Selbstbeschränkung.

FJR: Hat nicht die christliche Religion zu entsetzlicher Barbarei geführt?

Solschenizyn: Die religiösen Überzeugungen haben infolge der Beschränktheit der menschlichen Natur zu Aufsplitterungen geführt, zu Spannungen, zu leidenschaftlichem Streit und sogar zu Kriegen. Es gab grausame Irrtümer der katholischen Kirche bei der gewaltsamen Verbreitung der Religion. All die Grausamkeiten gehen zurück auf die Unvollkommenheit der menschlichen Natur und nicht auf die Unvollkommenheit der Religion, der christlichen oder einer anderen.

FJR: Warum unterscheiden Sie die bestialische Eroberung ganz Lateinamerikas und das Hinmorden von Hunderttausenden im Namen der Religion von demselben Bestialismus durch Revolutionäre?

Solschenizyn: Ich unterscheide sie nicht im geringsten! Ich habe praktisch mein Leben fast ganz gegeben für die Untersuchung der russischen Revolution. Das heißt nicht im geringsten, daß ich das Handeln der heutigen Amerikaner, wie sie die Indianer ausgerottet haben – wir brauchen gar nicht auf Südamerika einzugehen –, irgendwie rechtfertige oder England, das mittels eines Krieges Opium nach China eingeführt hat. Nur ist klar, daß ein Menschenleben dafür nicht reicht, alle diese Ereignisse zu beschreiben.

FJR: Leider nicht. Nun sind wir bei Ihrem Menschenbild. Das ist also ein anthropologisches Konzept. Ich habe vorhin gesagt, in gewisser Weise ist Ihr gesamtes Werk auch eine Predigt. Glauben Sie denn an den guten Menschen, den man durch diese Predigt – und durch viele andere Predigten, aber jetzt einmal durch Ihre, gigantische Predigt – beeinflussen, verbessern kann?

Solschenizyn: Durch meine Literatur?

FJR: Ja, die ich als Predigt bezeichnet habe.

Solschenizyn: Warum soll ich das auf meine Literatur beschränken? Das ist nicht nur meine. Ich glaube, daß man mit Literatur und auch mit anderen Mitteln der Kunst auf den Menschen Einfluß nehmen kann. In jedem Menschen kämpfen Gut und Böse. Alle Literatur, nicht nur meine, hat, wenn sie nicht auf ein geringes Niveau absinkt, selbstverständlich die Möglichkeit, Einfluß zu üben.

FJR: Das heißt – zurück noch einmal zu der Frage nach Ihrem Menschenbild, und das klingt ja fast nach Rousseau –, der Mensch ist eigentlich gut, aber verkrustet durch gesellschaftliche Verhältnisse. Die Krusten abschlagen, zum Beispiel mit Hilfe von Literatur, kann das Eigentliche des Menschen, also das Positive freilegen?

Solschenizyn: Was Rousseau anbetrifft, haben Sie recht. Aber ich teile nicht die Meinung von Rousseau. Es war der schlimme Irrtum von Rousseau, zu behaupten, daß der Mensch gut ist und daß ihn die Umwelt, das Milieu schlecht macht. Ich habe nachdrücklich immer wieder gesagt: Die Linie, die Gut und Böse trennt, verläuft im Menschen – nicht zwischen Staaten, nicht zwischen Parteien, nicht zwischen Nationen, sondern im Herzen eines jeden Menschen. Von seiner Natur her ist der Mensch zum Guten und zum Bösen geneigt. Der Künstler steht lediglich vor der Frage: Will er versuchen, auch darauf Einfluß zu nehmen, das heißt diese Linie zwischen Gut und Böse im Menschen zu bewegen, oder will er es nicht versuchen? Leider hat die Literatur des 20. Jahrhunderts in großem Umfang die zweite Haltung: Es lohnt sich nicht, den Versuch zu unternehmen, das ist nicht unsere Sache. Und in den letzten Jahrzehnten hat dieses Denken immer mehr Oberhand gewonnen.

FJR: Das heißt, daß Sie eigentlich gegen den Entwurf der Moderne – nicht nur der Literatur, aber bleiben wir ruhig bei der Literatur – mehr als skeptisch sind?

Solschenizyn: Ich habe im Januar dieses Jahres in New York gerade zu dieser Frage eine Rede gehalten und kann dem etwas hinzufügen: Ein Künstler, der von seiner künstlerischen Kraft überzeugt ist, hat keinerlei Notwendigkeit, über seine Vorgänger herzuziehen. Was mich an der modernen Avantgarde am meisten empört, ist die Absicht, das, was vorher gewesen ist, wegzustreichen. Jede Entwicklung ist das Suchen nach der richtigen Balance zwischen dem Bewahren des Überkommenen und dem Schaffen von etwas Neuem. Mir liegt nur daran, daß dieses Gleichgewicht beachtet wird. In den letzten Jahrzehnten beobachte ich, daß dies genau umgekehrt ist. Es gibt ein geradezu wollüstiges Streben danach, das Erhabene und das Niedere zu mischen, und eine Furcht, einfach und aufrichtig zu sein; statt dessen herrscht das Bestreben, aus sich etwas zu machen, was es bisher noch nicht gegeben hat.

FJR: Heißt das, daß Sie sich künstlerisch eigentlich nicht von der Moderne ernährt fühlen?

Solschenizyn: Das stimmt, ich bin nicht davon ernährt. Das aber heißt nicht, daß ich die Entwicklung nicht anerkenne. Ich bin schon ein alter Mann. Natürlich gehe ich mit meinen Wurzeln dahin zurück, wo ich aufgewachsen bin. Aber ich bin offen dafür, neue Formen anzuwenden. Ich bin nur dagegen, daß das um seiner selbst willen gemacht wird.

FJR: Ich nenne zwei Namen der Moderne: Baudelaire und Beckett, die man noch zur Avantgarde – ein Begriff, den Sie eben eher abgelehnt haben – zählen darf. Würden Sie nicht so weit gehen zu sagen, auch das sind moderne Epiphanien? Würden Sie die nicht anerkennen innerhalb Ihres künstlerischen Kosmos?

Solschenizyn: Bisher hatte unser Gespräch eine sehr klare Konstruktion, einen grundsätzlichen Charakter. Ich bin nicht einverstanden, jetzt zu konkreten Namen überzugehen. Warum sollen wir die beiden wählen, warum nicht andere? Dann müssen wir eigentlich zwanzig nehmen, und dann haben wir ein neues Interview.

FJR: Also kein Seminar auf Baudelaire – schade, ein anderes Mal! Herr Solschenizyn, Sie stehen vor der Rückkehr in Ihre Heimat. Wir haben eben von Ihrem Menschenbild gesprochen. Glauben Sie, daß die physische Präsenz – in oder bei Moskau wird das ja sein – Ihre Form der künstlerischen Präsenz und Ihren Einfluß auf die Dinge in Rußland verstärken kann?

Solschenizyn: Wenn im Augenblick meine Heimat in einem guten Zustand wäre, läge der ganze Sinn meiner Übersiedlung im Beobachten des russischen Lebens, um dann dazu überzugehen, dieses Leben in meinem Schaffen zu beschreiben. Nach dieser riesigen Epopöe drängt es mich sehr, kleinere Erzählungen zu schreiben. Vielleicht gelingt mir das. Aber da meine Heimat jetzt in großem Unglück lebt, werde ich nicht gesellschaftlich teilnahmslos gegenüber dem sein können, was dort geschieht. Das wird mich sehr viel Kraft und Zeit kosten. Aber ich bin schon fast 75 Jahre.

FJR: Denken Sie an eine geistige Position oder auch an eine offizielle Position?

Solschenizyn: Was meinen Sie mit «offizieller» Position?

FJR: Präsident zum Beispiel. Rostropowitsch hat gesagt, man soll das Fundament des Dserschinski-Monuments belassen und Sie darauf stellen. Werden Sie also ein Monument sein, von mir aus auch ein geistiger Führer; können Sie sich vorstellen, nicht nur die kleinen, schönen Erzählungen zu schreiben, sondern eine regelrechte Funktion in diesem neuen, chaotischen Staat zu haben?

Solschenizyn: Eine gesellschaftliche Tätigkeit werde ich in jedem Fall ausüben. Aber ich werde in keinem Fall eine staatliche Tätigkeit ausüben, ich werde keinerlei Funktionen übernehmen. Der Bereich der gesellschaftlichen Tätigkeit ist riesig. Mich interessiert zum Beispiel der Zustand unserer Schulen. Vielleicht gelingt es, Einfluß zu nehmen auf den künftigen Zustand Rußlands über die Schicht, die jetzt in die Schule geht. Ich habe viele Jahre unterrichtet; daher ist mir das Schulwesen sehr nahe. Und glauben Sie mir: Allein dieser Bereich des Schulwesens würde mir über den Kopf wachsen.

FJR: Es kann ja zweierlei geschehen. Es kann sein, daß eine Menge

Leute im Lande sagen: «Jetzt kommt der, der gar nicht da war, der hat keine Ahnung mehr.» Eine Literaturkritikerin hat gesagt: «Der Mann kommt zurück, wir wissen gar nicht mehr, wer er ist, und er weiß nicht mehr, wer wir sind.» Oder es kann umgekehrt sein, daß Leute kommen und sagen: «Auf den haben wir gewartet», und diese Leute appellieren dann an Sie. Wie wollen Sie darauf reagieren?

Solschenizyn: Es gibt noch eine dritte Möglichkeit: «Das ist dieser böse Mensch, der mit so viel Einsatz den Kommunismus bekämpft hat! Gegen den muß man vorgehen, den muß man vernichten.» Ich habe die ganze Zeit täglich über Radio, Presse und Briefe mit Rußland verfolgt, was in meiner Heimat geschieht. Das Land ändert sich so schnell, daß ich sogar wage zu sagen, auch viele Menschen, die in Rußland leben, begreifen nicht, was eigentlich geschieht. Natürlich ist mein Hauptanliegen als Schriftsteller, wenn ich zurückkehre in das Alltagsleben Rußlands, so gründlich wie möglich einzutauchen. Und wenn es mir Alter und Kraft erlauben, werde ich in kurzer Zeit einen guten Überblick haben.

FJR: Kein Bankett bei Jelzin?

Solschenizyn: Im politischen Bereich habe ich keinerlei Ambitionen, auch nicht solche Tendenzen.

«Ich träume von einer Revolution ohne Ideologie»

Gespräch mit Jorge Amado

FJR: Kommunist, Exkommunist, Auflagenmillionär und *obá* – also eine Art Priester des Candomblé-Kults in Brasilien: Ist das nicht ein bißchen viel Widerspruch in einer Person?

Jorge Amado: Beginnen wir mit dem letzteren. Candomblé ist kein Kult, sondern eine Religion, die viele afrikanische Elemente der Schwarzen und viele indianische Elemente verschmilzt. Ich kenne Ihre Definition von Religion nicht, aber wenn Sie den Katholizismus eine Religion nennen, so ist dieses – neben anderen Religionen in Brasilien – eine. Weil ich mich mein Leben lang und wesentlich in meinem Werk für die «schwarzen Werte» unserer brasilianischen Kultur eingesetzt habe – ich hätte ohne deren intime Kenntnis nicht über die Menschen und ihr Leben in Bahia schreiben können –, wurde mir dieser Titel verliehen. Ich war vor dieser Ernennung – ein Obá hat ja einen «heiligen Stammbaum» – schon vieles andere: Ogan d'Oshossi vom Candomblé de Procopio oder Ogan de Yansan vom Candomblé de Joãozinho da Goméia, und ich habe diese Ehrungen stets begriffen als Bestätigung meines Kampfes um die schwarze Kultur als integralem Bestandteil des portugiesischen Amerika, dessen einstige Sklaven es auf ergreifende Weise prägten. Immer schien mir das marxistische Konzept von der «Religion als Opium des Volkes» eine Infamie und ein entsetzliches Sektierertum. Religion – schwarze Religion insbesondere – ist eine eminente revolutionäre Kraft.

FJR: Womit wir beim anderen Teil meiner Frage wären. Sie waren Kommunist bis fast zum XX. Parteitag, und für mich, der einige wenige Jahre jünger ist als Sie, stellt sich die Frage, wie jemand wie Amado oder Aragon oder Eluard oder Ehrenburg oder Anna Seghers, um Ihre Freunde zu nennen, so lange nach den stalinistischen Prozessen in den dreißiger Jahren noch Mitglied der Partei oder auch Kommunist ohne Parteizugehörigkeit sein konnte. Das ist sehr irritierend, sehr schwer zu verstehen.

Amado: Ich verstehe, daß Sie danach fragen, und ich antworte Ihnen darauf: Für Sie ist es einfach, so zu denken. Aber wenn Sie älter wären, wenn Sie vor dem Krieg gelebt und all das miterlebt hätten, was sich unter dem Nationalsozialismus in Deutschland ereignet hat...

FJR: Ich bin vor dem Krieg geboren.

Amado: Aber Sie waren ein sehr junger Mann. Wenn Sie an dem Kampf beteiligt gewesen wären, wenn Sie den Krieg schon bewußt miterlebt und ein eigenes Urteil über den Krieg gehabt hätten, dann hätten Sie gewiß so gedacht, wie ich und die, die Sie genannt haben, dachten: Wie hätte man während des von Hitler ausgerufenen tausendjährigen Reichs *nicht* auf der Seite der Sowjetunion sein können, auf der Seite Stalins, ja Stalins, der... ich würde nicht mehr sagen, ein Gott...

FJR: So haben Sie ihn früher mehrfach genannt.

Amado: ... ein Vater war, ein Übervater.

FJR: Fast ein Heiliger?

Amado: Ich erinnere mich an den Tag von Stalins Tod. Ich war in Buenos Aires, auf der Durchreise von Rio nach Santiago de Chile. Als ich in der Nacht, in der Stalin starb, an der Fassade des Gebäudes einer großen Zeitung von Buenos Aires die Tafel mit der Nachricht sah, daß Stalin gestorben war, war das für mich dasselbe Gefühl, als wenn mein Vater gestorben wäre, vielleicht sogar noch stärker. Mein Vater und der Vater der ganzen Menschheit. Es ist einfach zu sagen, wie konnte man so lange..., aber es ist nicht leicht, mit seinem ganzen Leben zu brechen, mit allem, was Ihr Leben, Ihre Arbeit, Ihre Gedanken ausgemacht hat. Das geht nicht von heute auf morgen, das ist ein langer und sehr grausamer Prozeß.

FJR: Aber als Sie dieses Gefühl wie für einen Vater hatten, als Sie jung waren, war Ihnen da klar, daß dieser Vater schon zur selben Zeit schlimme und furchtbare Dinge zu verantworten hatte, daß er ein Verbrecher war?

Amado: Nein, man erkennt die Dinge nicht sofort. Ich habe angefangen zu sehen, daß er nicht war, wofür ich ihn hielt, als diese Reihe von Prozessen stattfand, in Ungarn, in der Tschechoslowakei, der Prozeß gegen Arthur London, mit dem ich befreundet war. Es gibt eine kleine Anekdote aus dieser Zeit, die man sich nach dem XX. Parteitag erzählte von einem kommunistischen Führer in Ungarn, der am Spanischen Bürgerkrieg teilgenommen hatte. Eines Tages erfuhr er aus Parteiberichten von jemandem, den er gut kannte, daß der ein Verräter sei und ihm der Prozeß gemacht würde. Es fiel ihm schwer, das zu glauben, doch er glaubte es, denn die Partei mußte es wissen. Wenn die Partei sagte, daß es so sei, dann war es so; denn sie verfügte über bessere Informationen als ein einfacher Mann wie er. Danach las er von einem Kriegskameraden, der ihm sehr viel näher stand, daß auch der ein Verräter sei. Das war noch sehr viel schwieriger, es war furchtbar für ihn, und er wußte nicht, was er tun sollte, um das glauben zu können. Aber er glaubte es aufgrund seiner Gläubigkeit, er vertraute der Partei vollkommen. Dann erfuhr er, daß ein sehr enger Freund und Mitkämpfer, den er kannte wie einen Bruder, auch ein Verräter sei. Und so furchtbar es für ihn war, er glaubte auch das. Erst als man ihm sagte, er selbst sei ein Verräter, hat er ihnen nicht mehr geglaubt. An dem Tag, als er das aus der Presse erfuhr, sagte er: Nein, ich bin kein Verräter. Das heißt, man erfuhr die Dinge nach und nach, und jedesmal wurde es etwas deutlicher, man wurde kritischer, man wurde distanzierter, freier – ich weiß nicht, ob das das richtige Wort ist –, bis zu dem Tag, wo man sich sagte: Das ist Lüge. Und andere glaubten bis zum Schluß daran. Weil sie glaubten, daß es trotz all der schlimmen Dinge auch die andere Seite gibt und daß das die wahre Seite ist.

FJR: Und als Sie zum Beispiel die Bücher von Arthur Koestler gelesen haben, etwa «Sonnenfinsternis», oder von André Gide «Rückkehr aus der UdSSR», waren das für Sie Lügner oder Verräter? Was haben Sie damals gedacht?

Amado: Ich war nie ein Sektierer, der überall Verräter sieht. In meinem Lebensentwurf gibt es kein Freund-Feind-Schema. Niemals. Im Gegenteil, ich habe immer sehr gute Freunde gehabt, die mir lieb waren, die trotzdem ganz anders dachten als ich. Ich habe Gide nicht für einen Verräter gehalten. Ich habe gedacht, daß Gide die neue Welt der Sowjetunion nicht verstehen und nicht akzeptieren konnte.

FJR: Wie war das mit Ihrem literarischen Werk? Gab es da einen Einfluß, der zu einem bestimmten Zeitpunkt aufhörte?

Amado: Die kommunistische Partei Brasiliens nahm damals, als ich Bücher wie zum Beispiel «Kakao» oder «Die Herren des Strandes» schrieb, keinen direkten Einfluß auf die Schriftsteller, die Parteimitglieder waren. Das waren ohnehin nicht viele. Man hat uns niemals gesagt, wir müßten das und das schreiben. Es gab nie Konzepte, Abmachungen, Gesetze der kommunistischen Partei, sie hat sich damals nicht sehr eingemischt.

FJR: Sie haben einmal einen – übrigens unbedeutenden – deutschen Schriftsteller als von großem Einfluß auf Ihre frühen Romane genannt, Kurt Kläber.

Amado: Ja. Er hatte einen kleinen linken Verlag in Brasilien, wo er Bücher von sehr schlechter graphischer Qualität verlegte. Das war eine Gruppe von Linken, ich weiß nicht genau, aus welchen Ländern sie kamen. Ich war in Bahia und der Verlag in São Paulo.

Aber ich erinnere mich an mehrere Bücher, die sie publizierten. Darunter war das Buch von Kurt Kläber «Passagiere der III. Klasse», ein sehr merkwürdiges Buch, weil es nur in Dialogen geschrieben ist.

FJR: Es ist 1929 in Deutschland erschienen, eine Art proletarischer Roman.

Amado: Er hat es im Untertitel so genannt: proletarischer Roman. Ich habe «Kakao» so genannt; das war sein Einfluß auf mich: Ich wollte einen proletarischen Roman schreiben wie Kurt Kläber.

FJR: Es gab ja in Brasilien kein Proletariat.

Amado: Nein, überhaupt nicht, es gab keine Arbeiter. Heute kann man in Südbrasilien von einem Proletariat der Autoindustrie sprechen, aber damals nicht. Ich habe einen Roman über die Bauern geschrieben. Das ist nicht genau dasselbe. Da sehen Sie, wie verrückt das war. Als ich nach dem Krieg fünf Jahre in Europa lebte, bemühte ich mich zu erfahren, was aus Kurt Kläber geworden war. Er war wegen Hitler in die Schweiz emigriert und schrieb nun Erfolgsbücher für junge Mädchen der Bourgeoisie. Die Dichter des Proletariats werden zu Dichtern für junge Mädchen aus gutem Hause. Da sehen Sie, wie die Menschen sich verändern. Das Leben ist schon komisch.

FJR: Und andere deutsche Schriftsteller?

Amado: Eher Amerikaner. Als ich zum ersten Mal in den USA war, Mitte der dreißiger Jahre, bewunderte ich Michael Golds Roman «Juden ohne Geld», auch die Bücher von Dos Passos. Ich habe Dos Passos sehr viel gelesen, er hat als Romancier einen großen Einfluß auf mich gehabt. Aber ich habe ihn nicht auf portugiesisch gelesen, sondern auf spanisch wie viele andere, weil es sehr viel mehr spanische Übersetzungen gab.

FJR: Warum nicht in Englisch. Sprechen Sie kein Englisch?

Amado: Nein, ich spreche kein Wort Englisch. Das ist vielleicht ein linguistischer Antiamerikanismus.

FJR: Um doch noch einmal von der deutschen Literatur zu sprechen: Gibt es einen oder mehrere andere zeitgenössische oder moderne deutsche Schriftsteller, die einen gewissen Einfluß auf Ihr Werk gehabt haben?

Amado: Das würde ich nicht sagen. Allenfalls Thomas Mann, der sehr stark präsent war in Brasilien. «Der Zauberberg» war ein enormer Erfolg. Viele seiner Bücher gab es bei uns in Übersetzung. Aber weil ich Kommunist war, zog ich Heinrich Mann vor – nicht die Person, den Schriftsteller. Doch vergessen Sie nicht: Thomas und Heinrich waren die Söhne einer Brasilianerin, sie haben brasilianisches Blut. Ich glaube, daß Thomas viel über seine Mutter geschrieben hat und daß seine Mutter, die aus dem Inneren von Brasilien kam, großen Einfluß auf seine Literatur gehabt hat.

FJR: Brecht?

Amado: Brecht habe ich nicht gekannt.

FJR: Weder den Mann noch das Werk?

Amado: Doch, das Werk von Brecht kannte ich damals viel besser als das von Thomas Mann. Vor allem nach dem Krieg habe ich viel von Brecht gelesen. Persönlich habe ich ihn nur oberflächlich gekannt, besser seine Frau Helene Weigel, weil sie stärker in der Friedensbewegung engagiert war, wo ich auch aktiv mitgearbeitet habe. Ich kann von Einflüssen durch die deutsche Literatur nicht sprechen. Dieses und jenes Buch habe ich gelesen, in Übersetzungen, weil ich kein Deutsch lesen kann. Aber ich gebe zu – auch wenn man wohl nach Cervantes nichts Neues mehr bieten kann: Ich habe von vielen Meistern gelernt. Zum Beispiel von Charles Dickens, den ich schon als sehr junger Mensch gelesen habe, nicht auf englisch, auf portugiesisch, auf spanisch, einiges auf französisch. Ich habe von ihm gelernt, daß kein Mensch absolut schlecht ist. Wenn Sie seine Romane lesen: Selbst der böseste Mensch hat in seinem Innersten noch ein kleines Licht. Das zum

Beispiel habe ich von Dickens gelernt. Von Mark Twain habe ich etwas über den Humor gelernt. Er hat mich etwas gelehrt, was man als junger Mensch nicht verstehen kann; ich habe ihn schon früh gelesen, aber erst als reifer Mann begriffen, daß der Humor, das Lachen sehr viel stärkere Waffen gegen das Böse sind als die Gewalt; die Fähigkeit, über Dinge zu lachen und den Menschen das Lächerliche daran zu zeigen. Andere haben mich die Liebe zu den Vagabunden gelehrt, zu Menschen, die außerhalb der Gesellschaft stehen, von der Gesellschaft weniger gehätschelt, von ihr vernachlässigt werden, die auf der dunkleren Seite sind. Ich habe von vielen gelernt, natürlich auch von brasilianischen Schriftstellern. Doch generell resultieren wohl meine Romanfiguren aus der Summe der Gestalten, die mich geprägt haben, Teil meiner Lebenserfahrung sind. Zu dieser Lebensbilanz kommen zwei Gedankenkonzepte hinzu: die Psychoanalyse, die meiner Meinung nach tiefe Spuren in unserer Gesellschaft hinterlassen hat; und ich glaube nach wie vor, daß die sozialistische Revolution unsere Zeit, unser Jahrhundert sehr geprägt hat. Jetzt gehört sie der Vergangenheit an, aber durch diese Tatsache hat sie ihre Wichtigkeit nicht verloren.

FJR: Glauben Sie, daß dies – das Ende der Sowjetunion, die Wiedervereinigung Deutschlands – das Ende des Sozialismus oder der sozialistischen Idee bedeutet?

Amado: Ich habe viel darüber nachgedacht, weil mich das besonders berührt, und nicht nur mich, sondern Tausende meiner Freunde. Ich habe erlebt, daß sich junge Leute deswegen das Leben genommen haben. Ich glaube nicht, daß dies der letzte Kampf im Krieg des Kapitalismus gegen den Sozialismus war. Der Krieg dauert an; ich glaube, daß der Kapitalismus kein bißchen besser geworden ist. Wir sehen jetzt nur das Ende der furchtbaren Diktaturen. Für mich ist klar, und das war schon länger klar, ich bin nicht erst durch diese Ereignisse auf die Idee gekommen: Ohne Demokratie gibt es keinen Sozialismus. Bis jetzt hatten wir immer Diktaturen, mehr oder weniger schlimme. Sowohl in der Sowjetunion als auch in den sogenannten Volksdemokratien als auch in Ostdeutschland. Oder die noch bestehenden in China, in Kuba, in Nordkorea. Was man in Kuba Sozialismus nennt, ist das gleiche wie das, was man in Ostdeutschland Sozialismus nannte. Das unterscheidet sich nur durch das tropische Element.

FJR: Eine Art exotisch drapierter GULag?

Amado: Ja, aber im Grunde sind es Diktaturen. Für mich ist Diktatur die Tragödie der Politik. Manchmal denke ich, die Ideologien sind das Unglück unserer Zeit. Wenn das schöpferische Denken überschwemmt, ertränkt wird in Theorien, in dogmatischen Begriffen, wird dann nicht der menschliche Fortschritt durch unwandelbare Regeln gefesselt? Ich träume von einer Revolution ohne Ideologie, in der das Schicksal des Menschen, sein Recht zu essen, zu arbeiten, zu leben, das Leben vollkommen zu leben, nicht einem von welcher Ideologie auch immer ausgedrückten und aufgezwungenen Konzept unterworfen ist. Ein absurder Traum? Wenn man nicht öffentlich seine Meinung sagen und schreiben kann, ist das keine Demokratie. Wenn man nicht mehr als eine politische Partei haben kann, die sich um die Wahl bewirbt, ist das keine Demokratie. Es war eine furchtbare Lüge auf allen Gebieten. Nehmen Sie den Rassismus. In der Sowjetunion hat man von der brüderlichen Koexistenz der Rassen und Nationen gesprochen. Das war eine Lüge. Das hat es nie gegeben. Es hat einen sowjetischen Imperialismus gegeben, es waren die Russen, die herrschten, ob in Usbekistan, in Aserbeidschan, in Kasachstan. Offiziell waren die Russen Brüder, aber das war nicht so. Man konnte dort als Nichtrusse nicht einmal Angestellter bei der Post oder dem Fernmeldeamt sein. Dieses System ist zugrunde gegangen, nicht der Sozialismus. Denn die Ideen verschwinden nicht, selbst Gefängnis, Folter, Massaker besiegen nicht die Ideen. Ich glaube, daß die Menschheit auf den Sozialismus zugeht, weil es eine Evolution gibt. Die Menschheit entwikkelt sich langsam, mühsam, schmerzlich, mit Rückschlägen, aber sie macht Fortschritte.

FJR: Aber das ist die zentrale Frage: Gibt es wirklich die Möglichkeit eines humanen Sozialismus, eines Kommunismus mit Demokratie? Oder ist es so, daß alle Spielarten, alle Ideen, alle Konzepte des Sozialismus automatisch gegen die Idee von der Demokratie gerichtet sind? Ist nicht bereits der Urgedanke vom «eigentlich guten Menschen», der von irgendeinem Führer ins irdische Paradies geführt wird, auch die Grundlage des Konzepts «Und wenn der nicht dahin geführt werden will, wird er dorthin gezwungen»? So folgte auf Rousseau Robespierre, auf Marx Lenin und auf den Stalin; und der Herr Castro bestimmt, wer das Land verlassen darf und wer nicht. Sie, der Exkommunist, erwarten einen gewandelten Sozialismus?

Amado: Ich bin kein «Parteisoldat» mehr; aber ich bin weder ausgetreten noch ausgeschlossen. Als ich aktives Mitglied der kommunistischen Partei war, war das keine demokratische Partei, es gab nie eine demokratische KP, glaube ich. Eines habe ich in meinem langen Leben gelernt, in einem kämpferischen Leben. Ich habe, ich weiß nicht wie oft, im Gefängnis gesessen, ich mußte mehrmals mein Land verlassen und ins Exil gehen, ich habe als Flüchtling gelebt. Ich habe für viele Dinge gekämpft in meinem Leben, für die Freiheit während der Unterdrückung der Demokratie, gegen die sozialen Unterschiede, gegen das Elend; aber vor allem habe ich gegen die Rassenvorurteile gekämpft. Wenn da nicht immer ein «Dennoch» gewesen wäre, meinetwegen der absurde Traum, von dem ich sprach, mal ein skeptischer Glaube, mal eine trügerische Hoffnung auf Fortschritt, dann hätte man nicht überlebt. Das benötigt unendlich viel Zeit. Man kann das, was ich einen anderen, neuen Sozialismus nenne, nicht als eine politische

Lösung innerhalb von zwanzig, dreißig, vierzig Jahren betrachten. Diese Dinge sind alt, sie sind schon immer dagewesen. Ich bin nicht pessimistisch. Denn wenn man keine Hoffnung hat, wenn man nicht daran glaubt, daß Fortschritte gemacht werden, daß der Kampf zu gewinnen ist, dann ist man tot, ist eine Gesellschaft tot. Wir sitzen hier komfortabel in Paris und diskutieren – aber in meiner Heimat geht es nicht um Diskutieren: Es gibt Hunger, es gibt elf Millionen Kinder ohne Schule, ohne Zuhause, ohne Eltern; die der Kriminalität ausgesetzt sind, den Drogen – elf Millionen, das entspricht der Bevölkerung eines europäischen Landes.

FJR: Sie sprechen wie ein pessimistischer Aufklärer, wie einer, der Irrtümer beklagt, aber nicht bereut; auch gelegentlich wie ein Ertrinkender, der sich seinen Rettungsring imaginiert. Gibt es da eine eigene Aussicht des Jorge Amado?

Amado: Ich bedaure sehr, daß ich nicht noch fünfzig Jahre zu leben habe, um zu sehen, was geschehen wird.

«Was wissen die Jüngeren von unseren schweren Kämpfen?»

Gespräch mit Stephan Hermlin

FJR: Ihr Hölderlin-Essay, 1944 geschrieben, beginnt mit einem für Stephan Hermlin wichtigen Satz: «Einer der schrecklichsten Aspekte der Kunst besteht in ihrer Verwendbarkeit, die um so größer ist, je mehr wir es mit bedeutender Kunst zu tun haben. Man kann sich gegen diese Evidenz wehren, man kann von Mißverständnissen reden, leugnen kann man sie nicht. Auf kuriose Art hat die Kunst da etwas gemein mit gewissen Fahnen, gewissen Nationalhymnen.» Chiffriert das auch eine Position, eine Gefährdung von Stephan Hermlin?

Stephan Hermlin: Nein. Er beschreibt nur etwas, was in meinem Kopf seit vielen, vielen Jahren, jetzt also seit Jahrzehnten, herumwandert.

FJR: Die Verwendbarkeit, bis hin zu Nationalhymne und Fahne. Ist da auch das Risiko Ihrer eigenen Position formuliert?

Hermlin: Ich habe nicht an mich gedacht und an meine Position, als ich das geschrieben habe. Es ist möglich. Das sollen andere beurteilen. Ich selbst habe auf diese Frage eigentlich keine Antwort. Doch es ist durchaus möglich, daß das auch mich betrifft. Verwendbar ist alles.

FJR: Beschleicht Sie heute gelegentlich rückschauend Angst, daß Sie selber verwendbar waren, vielleicht für Falsches?

Hermlin: Angst ist mir ziemlich fremd. Unbehagen schon. Auf der anderen Seite sehe ich das wenige, was ich von mir gegeben habe, immer unter dem Gesichtspunkt, daß Kunst eben verwendbar ist und daß ich auf meine Weise auch unvermeidlich Irrtümer ausgedrückt habe, da ich mich – im Gegensatz zu vielen, zu den meisten meiner Zeitgenossen – in schweren Kämpfen befunden habe.

FJR: Wollten Sie verwendbar sein, bewußt, oder ist es Ihnen passiert? Das ist die Frage nach einer Art Filtersystem. Eines Ihrer großen Gedichte heißt «Die Asche von Birkenau». Es gibt aber kein Gedicht von Ihnen über Mandelstam oder Isaak Babel. Warum nicht?

Hermlin: Das habe ich sozusagen meinen Zeitgenossen überlassen, die an solchen Kämpfen nicht teilgenommen haben, aber nachträglich, im Gefolge einer «Konjunktur», sich aufgerufen fühlten, über Babel, Achmatowa und viele andere zu schreiben, so als ob sie deren Leiden und Kämpfe miterlebt hätten, was nicht der Fall ist.

FJR: Die nichtkommunistischen Emigranten haben genauso gelitten und gekämpft. Sie sind woanders gelandet, meinetwegen beim Katholizismus.

Hermlin: Aber selbstverständlich. Zu den Kämpfen gehört die geradezu herzzerreißende, die eigene Brust zerreißende Situation zwischen, sagen wir, 1936 und den folgenden Jahren eigentlich lückenlos. Das war ein Teil dieser Kämpfe. Jemand hat mich einmal gefragt, ob ich nicht gewußt hätte, daß Stalin ein Barbar war. Ich habe darauf erwidert, selbstverständlich habe ich das gewußt.

FJR: Ab wann?

Hermlin: Ganz sicher seit dem XX. Parteitag 1956. Von diesem Moment an wußte ich, wie die große Mehrheit der organisierten Kommunisten, von Stalins Barbarei. Vorher habe ich sie oft geahnt, aber nicht genau gewußt, natürlich auch von mir weggedrängt.

FJR: Darauf will ich hinaus. In einem Interview mit Ulla Hahn haben Sie einmal gesagt: «Der Satz, daß Mandelstam gemütlich irgendwo gelebt habe, war eigentlich schon eine bewußte Verdrängung. Ich war schlecht informiert, weil ich schlecht informiert sein wollte.» Ist das so?

Hermlin: Ja.

FJR: Es gab also ein literarisches wie moralisches wie politisches Filtersystem?

Hermlin: Das gab es, und das habe ich am deutlichsten in diesem Interview aus dem Jahr 1978 ausgedrückt. Ich vermute, daß zu diesem Zeitpunkt keiner von uns – von den kommunistischen Schriftstellern – eine so klare analytische Aussage getroffen hat. Ich habe davon auch nichts zurückzunehmen.

FJR: Erklären Sie mir dieses Filtersystem. Wie ist das in der Seele, im Kopf entstanden, und wie hat es sich so lange gehalten? Sie sagen, Sie haben nach dem XX. Parteitag gewußt, vorher geahnt: Stalin, ein Barbar. Sie haben einmal gesagt: «Ich habe mich mit der einen Barbarei gegen die andere verbündet.»

Hermlin: Ja, genau.

FJR: Das würden Sie heute auch so sagen?

Hermlin: Ja, das würde ich so sagen.

FJR: Wie lange währt so ein Filtersystem, und kann es einen beschädigen? Hat es Sie beschädigt?

Hermlin: Wenn es mich beschädigt hat, dann insofern, als keiner, der zu meiner Lebenszeit ähnliche Entscheidungen getroffen hat, unbeschädigt davongekommen ist. Keiner. Man konnte wählen zwischen Beschädigtwerden und Sichheraushalten. Die sich herausgehalten haben, die edlen Geister, die kein Wort nach der einen oder anderen Richtung gebraucht haben, die diese Kämpfe abgelehnt haben, die nicht daran teilgenommen haben, die kommen als Unbeschädigte davon. Ich möchte nicht auf diese Weise unbeschädigt davonkommen.

FJR: Würden Sie dieses Wort vom «unbeschädigten edlen Geist» zum Beispiel auch für Thomas Mann in Anspruch nehmen, der mit seinen Radioansprachen zur Nazibarbarei wie zur Schuld des deutschen Volkes fast die gültigsten Worte gefunden und gesagt, sich aber nicht auf diese Art der Beschädigung eingelassen hat?

Hermlin: Natürlich zähle ich Thomas Mann zu den Schriftstellern, die in ganz entscheidender Weise in die Kämpfe unserer Zeit eingegriffen haben. Er hat sich aktiv beteiligt, er hat sich von einer nationalistischen Position aus sehr weit nach links begeben.

FJR: Man konnte also nobel und klar politisch Stellung beziehen ohne diese Beschädigung? Sie wollten bewußt Dinge nicht wahrnehmen. Es gab aber andere, die das wahrgenommen haben.

Hermlin: Ohne die Kämpfe von Thomas Mann geringschätzen zu wollen oder ihn unter meine eigenen Kämpfe situieren zu wollen: Thomas Mann hat natürlich auf seine Weise ein reines Schriftstellerleben geführt. Er hat klare politische Stellungnahmen verkündet, sowohl in der Schweiz als auch in Pacific Palisades. Aber es waren nicht meine Kämpfe. Ich hatte mich – man könnte sagen: unvernünftigerweise – sehr eng an politische Gruppierungen gebunden, die einen teilweise bewaffneten Kampf zu führen hatten, einen Kampf, in dem es keine Nachsicht gab und kein ...

FJR: ... Differenzieren.

Hermlin: Nicht Differenzieren. Mandelstam existierte für mich nur als ein Name. Ich hatte allerdings das Gefühl, daß es sich um einen großen Dichter handelte. Ein Gefühl, das sich später bestätigt hat. Diese Tatsache hätte ich auch im schwersten Kampf nicht geleugnet. Ich hätte höchstens gesagt, da ist ein großer Dichter unter die Räder der Zeit gekommen.

FJR: Sie hätten aber nicht definiert? Daß das Rad der Zeit Stalinismus hieß, der ihn umgebracht hat? So weit wären Sie nicht gegangen?

Hermlin: Nein, so weit wäre ich nicht gegangen. In der damaligen Zeit hätte es sich für mich so dargestellt: Ja, es ist unvermeidlich, daß in revolutionären Zeiten Ungerechtigkeiten passieren, schreckliche, meinetwegen Verbrechen existieren, daß große Männer niedergewalzt worden sind von den beherrschenden

Strömungen dieser Zeit. Aber das ist unvermeidlich, das war immer so.

FJR: Sie wußten vom Einsatz der GPU, wie sie damals hieß, der politischen Staatspolizei, in Spanien während des Bürgerkriegs und dem Mord an Anarchisten?

Hermlin: Ja, ich habe es gewußt. Ich kam erst nach diesen Ereignissen hin. Wer weiß, ob ich nicht, wenn ich im Jahre 1937 schon hingekommen wäre, unter Umständen an diesen Metzeleien teilgenommen hätte. Das kann ich nicht sagen. So war die Situation. Und von der anderen Position, die man hätte einnehmen können, wußte ich auch, wohin sie führt. Denn es war eine Tatsache, die in den ganzen letzten Jahren auf Ihrer Seite, also auf der westlichen Seite – niemals erwähnt wurde. Es wird zum Beispiel niemals erwähnt, daß zu den Massakern in Barcelona im Jahre 1937 die Position der anarchistischen und POUM-Milizen geführt hat, die mit ihnen verbündet waren, die an mehreren Stellen der Front offen mit den Franquisten sich verbrüderten gegen die Republik. Und wir nahmen einen konsequenten, unerbittlichen Stand für die Republik ein.

FJR: Der Schriftsteller Hermlin kommt zurück, nach Illegalität in Deutschland, nach Emigration, Teilnahme an der französischen Résistance, er kommt nach kurzer Etappe in Frankfurt in die junge DDR. Ich darf mit einem kleinen persönlichen Erlebnis umschreiben, was meine Frage beinhaltet: Ich habe Sie sehr früh kennengelernt, ich war ein vielleicht siebzehn- oder achtzehnjähriger Mensch und ungeheuer hungrig, neugierig. Wir jungen Menschen waren wie Schwämme und wußten überhaupt nichts. Wie kann ich mit siebzehn den Namen Trotzkij gehört haben oder den Namen Orwell? Gar nichts wußten wir. Wenn es hochkam, kannten wir Hermann Hesse und Thomas Mann. Dieser Hermlin erzählte viele Dinge, die mich damals sehr aufgeregt haben und derentwegen ich ihn sehr bewundert habe. Sie haben uns aber die andere Seite nicht erzählt. Hat das nicht den Autor Hermlin auch versehrt? Sie – und das sage ich jetzt groß und klein geschrieben, Sie alle, hießen Sie Bloch oder Brecht oder Seghers –, Sie wußten von den Moskauer Prozessen, Sie wußten von der GPU in Spanien. Aber das war weg. Sie haben uns eine durchlöcherte Geschichte gelehrt.

Hermlin: Natürlich.

FJR: Und wir haben danach gelernt. Da ist doch ein großes Versagen des Autors. Sie haben doch auf uns gewirkt. Aber nur eine Seite vorgewiesen. Ein Katyn-Gedicht gab es nicht.

Hermlin: Nein, es gibt «Die Asche von Birkenau».

FJR: Wie konnten wir denn das andere wissen? Das war für junge Leute ein langer Prozeß, bis sie sich selber mal einen Koestler geholt haben, mal einen Orwell, mal etwas über Katyn wußten.

Hermlin: Das konnten Sie. Sie waren, wie man so schön sagt, unabhängig. Sie konnten sich Ihre Lehrer und Ihre Vorbilder wählen.

FJR: Unabhängig, meinen Sie, weil ich in keiner Partei war?

Hermlin: Ja. Sie konnten sich das aussuchen, was Ihnen lag und was Ihnen zusagte und was Ihnen deutlich schien. Das konnte ich nicht. Ich konnte in mir eine Menge tragen und mich mit mir, in mir sehr herumschlagen, über lange Zeit. Aber meine Wahrheit so zu ergründen, daß ich sie auch nach außen hin deutlich machen konnte, das verlangte sehr viel Überlegungen, sehr viel schwere Kämpfe, innere Kämpfe. Ich war Mitglied einer Partei, und diese Partei gründete ihre Aktionen auch auf dem Verschweigen vieler Wahrheiten, weil ihr diese Wahrheiten gefährlich schienen und unzumutbar in einer Epoche großer Kämpfe. Das empfand ich gleichzeitig. Ich empfand die schweren Auseinandersetzungen oder Nichtauseinandersetzungen, nicht nach außen dringenden Auseinandersetzungen in meiner Partei als etwas Legitimes. Denn wir hatten uns ja nach Gegnern und nach Feinden nicht erst lange umzusehen. Sie standen rings um uns, sie waren in der ganzen Welt vorhanden, und sie waren sehr viel stärker als wir, sie waren in vieler Hinsicht stärker als wir.

FJR: Wären Sie nicht stärker gewesen, wenn Sie die Löcher in der Geschichte nicht gelassen hätten? Bis hin zum Zusammenbruch von Sozialismus und DDR. Ich rede von dem Poeta doctus, dem lehrenden Schriftsteller. Wäre der Schriftsteller Hermlin nicht bedeutender für eine damals jüngere Generation – auch heute gibt es jüngere Generationen – geworden, wenn er sich der Parteidisziplin nicht gebeugt hätte?

Hermlin: Ich kann mich hier nicht von mir selber trennen. Das heißt, ich sehe mich auch im Jahre 1950, ich bin immer noch dieselbe Person, und 1960, und ich weiß, was ich mir zumuten kann und was ich meinen Mitkämpfern zumuten kann. Dieser Gesichtspunkt besteht daneben auch immer. Wenn ich zum Beispiel in diesem Interview mit Ulla Hahn im Jahre 1978 bestimmte Dinge unverblümt ausspreche, so deshalb, weil ich mir in meiner bisherigen Gestalt überdrüssig wurde. Ich glaubte, daß ich meinen Freunden und Mitkämpfern jetzt auch zumuten konnte, das von mir entgegenzunehmen. Dabei habe ich nicht spekuliert – ich stand ja oft genug davor –, ob das nicht zu einem Parteiausschluß führen könnte; das war das wenigste, was mich bekümmerte. Ich fragte mich, wieweit es ihnen zumutbar wäre, wieweit es sie selber überzeugen könnte von einer Wahrheit, die sie bis dahin wegdrängten oder mit Schweigen übergingen. Ich habe da nicht in erster Linie – nicht in erster Linie – an Sie gedacht, also an die jungen Leute, die jetzt links standen, irgendeine Verbindung zu links suchten oder zu extrem links. Das waren nicht meine ersten Überlegungen.

FJR: Ich möchte wissen, was es mit einem Dichter anrichtet, der große Spannungen nicht formuliert, sondern sie beiseite läßt, gar schönt?

Hermlin: Ich kann nur immer wiederholen, daß bestimmte Dinge für mich im Vordergrund standen und daß ich andere Dinge riskiert habe. Ich riskierte zum Beispiel Beschädigungen...

FJR: ... des eigenen Werkes?

Hermlin: Des eigenen Werkes, ja, selbstverständlich. Es galt mir nicht soviel – wie Ihnen vielleicht. Mir galt es nicht soviel, es gilt mir auch heute nicht soviel.

FJR: Der andere Hermlin, der Kämpfer, war Ihnen wichtiger als der Poet?

Hermlin: Ich kann mir natürlich vorstellen, daß ich manches noch fünf Jahre früher hätte sagen können, auf die Gefahr hin – die ich nicht auf mich nehmen wollte –, mich unwiderruflich von meinen Mitkämpfern zu trennen. Aber das kam nie für mich in Frage. Das war vielleicht ein Irrtum.

FJR: Warum brauchte ein Charakter wie Stephan Hermlin diese Gemeinschaft der Genossen? Es gibt ja Autoren, die ihre Position korrigiert haben.

Hermlin: Er brauchte die Genossen, weil er sich für sie entschieden hatte.

FJR: Kann man nicht Entscheidungen revidieren?

Hermlin: Natürlich kann man das. Aber ich war nicht der Mann dafür.

FJR: Warum nicht? Es gibt in einem anderen Gespräch eine Überlegung von Ihnen, nach der Wende in die Kirche einzutreten, also eine andere Gemeinschaft, andere Genossen zu suchen. Das haben Sie wohl nicht getan, aber der Gedanke war da. Deshalb noch einmal die Frage: Warum braucht eine Persönlichkeit wie Stephan Hermlin Gemeinschaft? Sie haben sich einmal dafür entschieden. Man kann Entscheidungen revidieren. Andere haben das getan und blieben honorige Leute.

Hermlin: Sie betonen so das «honorig».

FJR: Es wird so oft gesagt, das waren Renegaten und halbe Verbrecher. So war es ja nicht.

Hermlin: So war es nicht immer, aber oft genug. Nein, ich bin anders veranlagt, ich habe mich als ganz junger Mensch aus bestimmten Erkenntnissen, Erwägungen für die extrem linke Arbeiterbewegung entschieden und bin bei ihr geblieben.

FJR: Treue?

Hermlin: Ja, natürlich.

FJR: Ist Treue eine ganz wichtige Position für Sie?

Hermlin: Ja.

FJR: Koste es, was es wolle?

Hermlin: Ja. Trotz meiner Entscheidung für eine Barbarei gegen eine andere hat diese Treue sich in der bisherigen Geschichte immer wieder gerechtfertigt. Auch heute noch, auch in diesem Moment, sehe ich nirgendwo auf der Welt etwas, was diese Bewegung ablöst, die im Moment fast nicht mehr existiert; aber sie kann ja wiederkommen, wird auch wiederkommen.

FJR: Sie sagen, wird wiederkommen?

Hermlin: Ja, wird wiederkommen, wenn auch in verwandelter Form. Das, was gewesen ist, kommt niemals einfach wieder. Es kann höchstens in einer höheren Form wiederentstehen, mit der Korrektur eigener Irrtümer und eigener falscher Ideen. Wird wiederkommen, einfach aus dem Zwang heraus, daß die gegenwärtige Gesellschaft nicht imstande ist, die anstehenden Fragen zu lösen. Sie können sagen, die sind dazu auch nicht imstande, die werden dazu nicht imstande sein. Aber ich erwidere darauf, es gibt da eine Chance: In ihrer zukünftigen Form, basierend unter anderem auf den Erkenntnissen von Marx, hat sie eine Chance, die heutige Gesellschaft in den Griff zu bekommen, das heißt, ihre Probleme in den Griff zu bekommen und die Menschheit in eine anständige Zukunft zu führen.

FJR: Das ist Ihre Treue, was Sie bis zur PDS, deren Mitglied Sie sind, treu sein läßt?

Hermlin: Ja.

FJR: Sie akzeptieren Erbarmungslosigkeit unter revolutionären Bedingungen?

Hermlin: Das ist bei Jesus Christus bereits der Fall gewesen. Jesus Christus hat sich außerordentlich intolerant aufgeführt gegenüber den Wucherern im Tempel und so weiter.

FJR: Nun sind Sie doch auch ein Vertreter der Aufklärung. Einer der wichtigen Impulse der Aufklärung war gerade gegen Intoleranz. Sie versuchen jetzt, historisch zu relativieren – Sie haben einmal bei der Debatte über Ihre Stalin-Gedichte gesagt, es gab so viele, die große Mörder der Weltgeschichte besungen haben. Das kann man aber doch bewerten. Sie machen daraus nur eine Art Parallele. Jetzt akzeptieren Sie Intoleranz in bestimmten historischen Momenten.

Hermlin: Ja. Ich bin im großen und ganzen ein Anhänger der Toleranz. Aber ich muß zugeben, daß es Momente gibt, in denen für Toleranz kein Platz ist. Sie wird einfach beiseite gestellt, sie gilt nicht mehr in bestimmten Zeiträumen. Neue Bedingungen gesellschaftlicher Kämpfe entstehen, und die Menschen können nicht mehr tolerant sein, können sich nicht mehr zur Wehr setzen gegen große Gefahren, also werden sie intolerant. Meiner Meinung nach wird das auch in Zukunft von Zeit zu Zeit sein.

FJR: Liegt darin nicht etwas Hybrides? Ich denke an einen Satz von Lenin, der mich als junger Mensch sehr beeindruckt hat, den ich später schlimm fand. Er sagte beim Anhören der «Appassionata»: «Man möchte die Köpfe der Menschen streicheln, leider muß man auf die Köpfe der Menschen schlagen.» Wer ist Lenin, der sich herausnimmt, auf die Köpfe der Menschen zu schlagen? Soll man das tolerieren, soll man das als Schriftsteller befürworten?

Hermlin: Das weiß ich nicht. Sie fragen, wer ist Lenin. Lenin ist ein genialer Volksführer, ein Mensch, der aus dem Dunkel kommt, sich durchsetzt.

FJR: Ich habe gefragt: Wer ist Lenin, daß er das Recht hat, so einen Satz zu sagen?

Hermlin: Er ist kraft bestimmter gesellschaftlicher Umstände, kraft einer Revolution plötzlich der Führer eines Riesenvolkes geworden, und zwar eines Volkes, das sich mitten im Umbruch, im Aufbruch befindet, das einen entsetzlichen Krieg zu Ende geführt hat und in einen neuen Krieg stolpert, einen Bürgerkrieg, den es zu führen gilt. Auch Lenin muß entscheiden und muß das durchsetzen, was er für richtig hält.

FJR: Muß Leute einsperren?

Hermlin: Muß Leute einsperren dürfen, weil viele Leute vor ihm auch Leute eingesperrt haben.

FJR: Dann tut er dasselbe, was die auch getan haben.

Hermlin: Ja, natürlich, nur von einem anderen Standpunkt aus.

FJR: Der Volksmund sagt dazu: Und willst du nicht mein Bruder sein, dann schlag' ich dir den Schädel ein. Ein Schriftsteller, vor allen Dingen ein Poet, ist doch eigentlich auch ein Liebender, der den Menschen nichts zufügen, sondern hinzufügen möchte.

Hermlin: Ja.

FJR: Der ihnen ein Humanum mindestens als Angebot, in aller Bitterkeit ein Angebot machen möchte. Dann ist es verquer zu sagen: Einer Idee, die ich für richtig befunden habe – es könnte ja sein, daß man sich irrt und daß die Idee falsch ist –, darf man einen Menschen, hundert Menschen, Millionen Menschen opfern, es ist mir egal, wieviel. Das widerspricht der Rolle des Poeten. Hat Ihnen das nie zu schaffen gemacht?

Hermlin: Ich komme immer wieder darauf zurück, daß politische Figuren in Positionen gebracht werden durch die Zeitläufte, die ihnen diese Entscheidungen aufnötigen. Natürlich kann man sagen: Ich trete aus, ich habe mit dem Ganzen nichts mehr zu tun, ich ziehe mich in eine Hütte zurück und philosophiere. Was meine Natur anbelangt, so habe ich mich niemals als einen möglichen Volksführer empfunden. Ich habe mich immer nur empfunden als einen Soldaten in einem Heer von Menschen.

FJR: Auch als Schriftsteller? Oder war in dem Schriftsteller manchmal das Bedürfnis, ich möchte zwar nicht gleich den Elfenbeinturm bewohnen, aber ich möchte auch von alldem nicht zerfressen werden?

Hermlin: Ja, dieses Bedürfnis habe ich sehr oft empfunden – und habe es verworfen.

FJR: Hat das dem Autor gutgetan?

Hermlin: Das weiß ich nicht. Das sollen andere, das soll zum Beispiel Fritz Raddatz analysieren – und ich weiß von vornherein, zu welchem Resultat er kommt.

FJR: Es gibt positive Einschätzungen von Ihnen vis-à-vis Ernst Jünger, was mich frappiert. Ist da wieder diese Idee des Ausnahmemenschen und «der darf»? Ich halte Jünger für einen präfaschistischen Denker und übrigens schlechten Schriftsteller.

Hermlin: Es gab eine Zeit, in der ich zwischen links und rechts geschwankt habe. Das war eine Zeit, in der meine Schulkameraden, die wie fast alle schon nationalsozialistisch organisiert waren, zu mir sagten: «Na ja, das muß man ja zugeben, ihr seid die einzige revolutionäre Bewegung in Deutschland – außer uns.» Wir hatten Übereinstimmungen in bezug auf den Versailler Vertrag, auf die Gleichberechtigung Deutschlands, wir hatten ähnliche Vorstellungen.

FJR: Ein antibürgerlicher Affekt?

Hermlin: Sicher. Ernst Jünger hat in einem Interview zum ersten Mal davon gesprochen, daß er 1918, als ein vierzehnmal verwundeter Infanterieleutnant, erwogen hat, nach Rußland zu gehen, zu den Bolschewiken, um dort weiterzukämpfen. Das sind Dinge, die für uns heute schwer vorstellbar sind, die besonders für eine jüngere Generation kaum noch nachvollziehbar sind, die aber in jenen Jahren doch etwas bedeutet haben.

FJR: Jünger ist ein Mann, der, selbst wenn es diese paar Wochen eines Gedankenspiels gegeben hatte, in die Sowjetunion zu gehen, eine verhängnisvolle Rolle in der deutschen Geistesgeschichte gespielt hat. Woher diese Affinität zu ihm?

Hermlin: Affinität möchte ich nicht sagen, das nicht. Doch eine Ähnlichkeit mit ihm verletzt mich nicht. Das hängt damit zusammen, daß Menschen in den Strudel der Geschichte hineingeschleudert werden und dabei auf irgendeine Weise Ähnlichkeiten entwickeln, die ich nicht genau deuten kann und auch nicht analysieren möchte. Und es kommt hinzu, daß ich – im Gegensatz zu Fritz Raddatz – Ernst Jünger für einen bedeutenden Schriftsteller halte und für einen sehr guten Stilisten. Das hat mich an ihm angezogen. Sein Werk kenne ich im übrigen nur teilweise.

FJR: Wir haben bisher ein Motiv ausgespart. Ich möchte gern wissen, ob da manchmal ein Messer in Sie hineingefahren ist, in den Autor und Genossen Hermlin: der zum Teil zu Exzessen überbordende Antisemitismus innerhalb der sozialistischen Welt. Was hat das mit Ihnen getan? Nicht nur in der Sowjetunion, sondern in dem, was man damals sozialistisches Lager nannte. Sie haben darüber nie gesprochen und nie geschrieben.

Hermlin: Nein, ich habe nie darüber gesprochen, werde das auch in Zukunft nicht tun. Was ich dabei empfunden habe, das können Sie sich denken. Ich habe das empfunden, was jeder gerecht denkende Mensch und darüber hinaus jeder Mensch jüdischer Herkunft empfinden muß.

FJR: War das nicht eine tiefe existentielle Not?

Hermlin: Diese existentielle Not besteht für unsereinen seit zweitausend Jahren. Und man hat sich daran gewöhnt, es ist nicht so außerordentlich.

FJR: Innerhalb einer Gemeinschaft, die man bejaht? Das ist doch etwas anderes, als von den Nazis bedroht zu werden.

Hermlin: Man weiß aber, daß sie alle durch die lange Dauer der

Sache angesteckt sind. Der Antisemitismus ist eine Welterscheinung, und ich glaube auch nicht mehr, was ich mal geglaubt habe, daß er durch uns – Sozialisten, Kommunisten – beendet werden wird. Ich glaube, er sitzt so tief, wie wir es selber in der Lebenszeit eines Menschen, einer Generation nicht wahrhaben wollten.

FJR: Wie kann man damit nicht umgehen im eigenen dichterischen Werk? Bleiben wir einmal bei dem Wort Not, das ja in der Nähe des Worts Elend siedelt, und das Wort Elend heißt Fremde: Die ist in Ihrem Werk nicht da. Wie haben Sie das geschafft? Oder lese ich falsch?

Hermlin: Nein, nein, Sie haben recht. Ich habe darüber eigentlich nichts verfaßt, wie auch über vieles andere nicht. Vielleicht auch ein bißchen aus Stolz.

FJR: Oder aus Trauer?

Hermlin: Ein Lamm offenbart sich nicht den Wölfen!

FJR: Wie kann man an der eigenen Not vorbeisegeln oder vorbeischreiben oder sie ausklammern? Oder kann es sein, daß es von Hermlin Unveröffentlichtes gibt, wo man das einmal lesen wird?

Hermlin: Nein. Man kann es höchstens einigen kleinen Aufsätzen entnehmen. Von meinen Erzählungen handelt etwa die Hälfte vom Antisemitismus.

FJR: Sie haben mir in einem privaten Gespräch, etwa Ende der siebziger Jahre, einmal gesagt: «Dieses ist nicht mehr meine Partei. Und wenn Sie das je veröffentlichen, werde ich leugnen, es gesagt zu haben. Ich nehme Sie beim Ehrenwort, daß Sie es nie erwähnen.» Ich habe dieses Ehrenwort gehalten. Kürzlich sagten Sie mir nun: «Ich kann Ihnen diese Antwort noch ergänzen. Es war nicht nur damals, sondern es war schon seit 1950 nicht mehr meine Partei.» Ist da ein Stück Religiosität?

Hermlin: Sie haben absolut recht. Selbstverständlich hat diese Partei immer die Züge einer Kirche gehabt. Und die Mitglieder der Partei haben sich mehr oder weniger darüber Rechenschaft abgelegt, und es war mir auch nicht unangenehm, daß es so war. Denn für mich hat diese Verbindung immer bestanden, diese Ähnlichkeit, diese ähnliche Funktion. Obwohl die meisten Kommunisten, wenn ihnen dieses Wort von der Kirche entgegengeschleudert wurde, heftig protestiert haben, ich fand nie irgendeinen Grund, dagegen zu protestieren. Einfach deshalb, weil ich mir immer im klaren darüber war, daß alles das, was unter modernem Sozialismus läuft, also der Marxismus, aus den Evangelien herkommt und sogar vor den Evangelien aus den Propheten. Der Zusammenhang zwischen großen Religionen und Sozialismus stand mir immer absolut vor Augen.

FJR: Und natürlich auch das Akzeptieren der *règles du jeu* denn die Kirche hat genauso Bücher verboten oder gar Ketzer verbrannt.

Hermlin: Ja, natürlich.

FJR: In Ihrer schönen Erzählung «Abendlicht» heißt es: «Wem nachdrücklich eingeredet wird, daß das, was er sieht, gar nicht existiere, weil, hielte er es für die Wahrheit, er an Leib und Leben Schaden nehmen müsse, der hat die Wahl zwischen Tod und Wahnsinn.» Ist das ein Satz, der auch Stephan Hermlin meint?

Hermlin: Obwohl sich das auf den Nationalsozialismus bezieht, ist das natürlich auch etwas, was die DDR betrifft und betroffen hat. Natürlich.

FJR: Und den Schriftsteller Hermlin?

Hermlin: Meinetwegen.

Quellennachweis

mit Jorge Amado
«Ich träume von einer Revolution ohne Ideologie»
In: DIE ZEIT, Nr. 36, 2. September 1994
Nachdruck in: «Reset» Nr. 11 (Rom), November 1994

mit Oto Bihalji-Merin
«Ein glückliches Leben in der Hölle»
In: DIE ZEIT, Nr. 22, 27. Mai 1988
Nachdruck in: «Politika» (Jugoslawien), in Fortsetzungen 18. bis 21. Juni 1988

mit Joseph Brodsky
«Ich mag Brecht nicht, Benn ist mein Idol»
In: DIE ZEIT, Nr. 51, 16. Dezember 1988
Nachdrucke in: «Information» (Dänemark), 6. Januar 1989
in: «Il Giornale dell'Arte» (Italien), Dezember 1989

mit É. M. Cioran
«Tiefseetaucher des Schreckens»
In: DIE ZEIT, Nr. 15, 4. April 1986
Nachdrucke in: «El País» (Spanien), Mai 1986
in: É. M. Cioran, «Entretiens»
Paris 1995 (Editions Gallimard), S. 167 ff

mit Nadine Gordimer
«Ich bin nicht liberal – ich bin radikal»
In: DIE ZEIT, Nr. 23, 29. Mai 1992
Nachdruck in: «L'Unitá» (Italien), 7. Juni 1992

mit Stephan Hermlin
«Was wissen die Jüngeren von unseren schweren Kämpfen?»
In: DIE ZEIT, Nr. 16, 14. April 1995

mit Stefan Heym
«Ich kann doch nicht mein Leben wegwerfen»
In: DIE ZEIT, Nr. 50, 6. Dezember 1991
mit Pavel Kohout
«Der Kalte Krieg in den Köpfen»
In: DIE ZEIT, Nr. 50, 4. Dezember 1992
mit Hans Sahl
«Man lebt immer ‹als ob›»
In: DIE ZEIT, Nr. 10, 1. März 1991
Nachdruck in: Hans Sahl, «Und doch ... Essays und Kritiken aus zwei Kontinenten», 1991
mit Jorge Semprún
«Das letzte Abenteuer»
In: DIE ZEIT, Nr. 48, 24. November 1989
mit Alexander Solschenizyn
«Kein Bankett bei Jelzin»
In: DIE ZEIT, Nr. 44, 29. Oktober 1993
Nachdruck in: «Politikken» (Dänemark), 14. November 1993
mit George Tabori
«Den Tod überlisten»
In: ZEITmagazin, Nr. 47, 13. November 1992
mit Michel Tournier
«Adenauer war nach Hitler die zweite deutsche Katastrophe»
In: DIE ZEIT, Nr. 19, 6. Mai 1988
mit Mario Vargas Llosa
«Ich will die Katastrophe aufhalten»
In: DIE ZEIT, Nr. 13, 23. März 1990
Nachdruck in: «Nagyvilág» (Ungarn), 1990

Über die Autoren

Jorge Amado, geboren 1912 in Itabanu/Bahia. Mit 29 Romanen, in 48 Sprachen übersetzt und in Millionen von Exemplaren verbreitet – er schreibt pro Jahr ein Buch –, ist der 84jährige Brasilianer Jorge Amado der erfolgreichste zeitgenössische Autor portugiesischer Sprache. Allein von dem Roman «Die Herren des Strandes» wurden zwei Millionen Exemplare verkauft, Hollywood verfilmte «Gabriela wie Zimt und Nelken», und zahlreiche Literaturpreise (1990 Cina del Duca, 1991 Etruria-Preis, 1992 Internationaler Mittelmeerpreis) krönen sein Werk. Nach vielen Jahren des Exils lebt Amado – der 1932 zur kommunistischen Partei stieß und bis zu seinem Bruch 1955 neben Schriftstellern wie Pablo Neruda und Louis Aragon als Verbündeter gefeiert wurde – in seiner Heimat Bahia und in Paris.

Oto Bihalji-Merin, geboren 1904. Mit Johannes R. Becher, Georg Lukács und Karl Wittfogel leitete er in Berlin die «Linkskurve» (Zeitschrift des Bundes der Proletarisch-Revolutionären Schriftsteller, BPRS), und mit Picasso schuf er die Ausstellung «Twentieth Century German Art» in London; er war mit Hemingway und mit Malraux im Spanischen Bürgerkrieg und gründete mit (seinem Schwager) Arthur Koestler in Paris das «Institut zum Studium des Faschismus»; mit Thomas Mann sprach er über Joyce und mit William Faulkner über Kafka; Max Beckmann besuchte ihn im Schweizer Exil, und mit Hans Richter oder Kasimir Malewitsch korrespondierte er; Sätze wie «Wir hatten Simone de Beauvoir in der Rue de la Bucherie besucht, als wir aus Ossip Zadkines Atelier kamen» sind keine Namen-zählende Angeberei, sondern Teil eines bewegten Lebens: des Lebens von Oto Bihalji-Merin (Oto Biha), Schriftsteller, Journalist, Kunsthistoriker, Kommunist. Gestorben 1993.

Joseph Brodsky, geboren 1940 in Leningrad. Sandte 1962 seine ersten Gedichte an Anna Achmatova; deren Urteil: Sie habe seit Mandelstam solche Gedichte nicht gelesen. Seit der ersten öffentlichen Brandmarkung als «eine Drohne, die schriftstellert» 1963, wurde Brodsky immer stärker verfolgt, 1964 als «arbeitsscheuer Parasit» verhaftet und zu fünf Jahren Zwangsarbeit verurteilt, da er der Pflicht eines Sowjetmenschen zur Erzeugung von Gütern nicht nachgekommen sei, vielmehr rebellische und dekadente Gedichte schreibe. Nach dem Sturz Chruschtschows vorzeitig aus der Haft entlassen – ein Band Gedichte, im Verbannungsort Archangelsk entstanden, war 1965 in Paris erschienen –, wurde er 1972 ausgewiesen und lebte seitdem in den USA. 1987 wurde ihm der Nobelpreis verliehen. Gestorben 1996.

É. (Émile) M. Cioran, geboren 1911 in Răsinari (Rumänien), lebte seit 1937 in Paris, wo er als glänzender Stilist rasch Anerkennung fand. Das Bonmot sagt: Die beiden bedeutendsten französischen Gegenwartsschriftsteller sind der Tscheche Kundera und der Rumäne Cioran. Der große Philosoph des Nihilismus, den Susan Sontag als Fortsetzer der Tradition Kierkegaards, Nietzsches und Wittgensteins bezeichnete und der mit einem seiner letzten Bücher, «Exercices d'admiration», von der Kritik als «Frankreichs hervorragendster Prosa-Stilist» bejubelt wurde, erfuhr 1995 mit der Zusammenstellung sämtlicher Interviews, die er je gegeben hat, eine Ehrung («Entretiens», Gallimard). Gestorben 1995.

Nadine Gordimer, geboren 1923 in Springs (Transvaal) als Tochter einer Engländerin und eines aus Litauen eingewanderten Uhrmachers, veröffentlichte 1949 ihre ersten Kurzgeschichten («Face to Face») und 1953 ihren ersten Roman («The Lyind Days»). Von Beginn an war sie eine radikale Gegnerin der Apartheid. Als eine der wenigen Weißen war sie Mitglied des ANC. Viele ihrer Bücher wurden von der Zensur verboten. 1991 erhielt sie den Nobelpreis für Literatur.

Stephan Hermlin, geboren 1915 in Chemnitz als Sohn wohlhabender Eltern und in Berlin aufgewachsen («Ich habe so etwas wie eine Proustsche Existenz geführt, ich hatte Reitpferde, Bücher, Autos zu meiner unbeschränkten Verfügung»), ist der letzte Zeuge der Gründergeneration von DDR-Schriftstellern. Er trat bereits als Gymnasiast der kommunistischen Jugendbewegung bei, arbeitete nach 1933 mehrere Jahre im illegalen Widerstandskampf in Deutschland und nahm am Spanischen Bürgerkrieg teil, bis er 1939 ins französische und 1944 als Résistance-Kämpfer auf der Flucht vor der Deportation nach Deutschland ins Schweizer Exil ging. Nach einer kurzen Tätigkeit bei Radio Frankfurt (unter Golo Manns Leitung) kam Hermlin 1947 nach Ostberlin, wo er rasch einer der prominenten und mit Preisen dekorierten Autoren wurde. Seit Anfang der fünfziger Jahre ist Hermlins literarische Aktivität in der DDR mal respektvoll anerkannt und mal aggressiv kritisiert worden – die einen sahen ihn als Förderer junger Talente (er stellte Reiner Kunze, Wolf Biermann und Sarah Kirsch vor) und als Helfer in der Not (er appellierte an Honecker, Kollegen wie Günter Kunert oder Thomas Brasch ausreisen zu lassen); die anderen sahen in dem Verfasser dreier Stalin-Gedichte, dem Rechtfertiger des Mauerbaus und dem Autor der Erzählung «Die Kommandeuse», die den Aufstand vom 17. Juni 1953 zum halbfaschistischen Putsch uminterpretiert, einen glatten Konjunkturritter und SED-Hymniker.

Stefan Heym, geboren 1913 in Chemnitz. Heym flüchtete 1933 über die Tschechoslowakei in die USA, studierte in Chicago, war als Journalist und Redakteur sowie in zahlreichen anderen Berufen tätig. 1943 wurde er in den USA eingezogen und nahm als Offizier (zuletzt in der Abteilung für psychologische Kriegsführung; Redakteur der für die deutschen Soldaten bestimmten «Frontpost», Rundfunkansprachen an die Deutschen) an der Invasion in der Normandie teil und war nach 1945 Besatzungssoldat in Deutschland. In München war Heym in den ersten Nachkriegsjahren als Journalist tätig, u. a. als Mitbegründer der «Neuen Zeitung». Aus Protest gegen die amerikanische Politik des Kalten Krieges gab er dem amerikanischen Präsidenten sein Offizierspatent und seine Kriegsauszeichnungen zurück. 1952 übersiedelte er in die DDR. Dort erschien als erster Roman (in eigener Übersetzung) sein auch in den USA erfolgreicher Kriegsroman «Kreuzfahrer von heute»; doch trotz anfangs konformer journalistischer Arbeit wurde Heym zu einem unbequemen Kritiker der DDR. Sein Roman über die Ereignisse des 17. Juni 1953, «Der Tag X», (Neubearbeitung unter dem Titel «5 Tage im Juni») konnte dort nicht mehr erscheinen; viele seiner folgenden Bücher wurden nur im Westen verlegt. Nach der deutschen Vereinigung näherte er sich der PDS an, für die er im Wahljahr 1994 kandidierte und in deren Namen er als Alterspräsident den Bundestag 1994 eröffnete.

Pavel Kohout, geboren 1928 in Prag, ist als Dramatiker und Romancier international bekannt geworden. Als einer der Wortführer des «Prager Frühlings» wurde er 1969 aus der Kommunistischen Partei ausgeschlossen und mehr als zwanzig Jahre totgeschwiegen. Gemeinsam mit Václav Havel verfaßte er 1977 das Gründungsdokument der Bürgerinitiative «Charta 77». Im gleichen Jahr wurde ihm in Wien der «Große Österreichische Staatspreis für europäische Literatur» zuerkannt. Bei der Rückkehr 1979 wurden er und seine Frau Jelena aus der Heimat abgeschoben. Nach der «sanften Revolution» im November 1989 wurden seine Werke in seiner Heimat wieder viel gespielt und gelesen. Er lebt in Wien und Prag.

Hans Sahl, geboren 1902 in Dresden. Nach einem Studium der Kunst- und Literaturgeschichte, Philosophie und Archäologie, das er mit einer Promotion über «Altdeutsche Malerei» abschloß, arbeitete Sahl als Film- und Theaterkritiker für verschiedene Berliner Zeitungen (u. a. «Montag Morgen», «Börsen-Courier», «Vossische Zeitung»). 1933 emigrierte er zunächst nach Prag, dann nach Zürich, schließlich nach Paris. Bei Kriegsbeginn wurde Sahl interniert. Mit Hilfe des «Emergency Rescue Committee» gelang ihm 1941 die Flucht nach New York; 1952 erwarb er die amerikanische Staatsbürgerschaft. Als Übersetzer (u. a. Thornton Wilder, Tennessee Williams, Arthur Miller) und Korrespondent verschiedener Zeitungen hatte Sahl insbesondere in den Nachkriegsjahren wesentlichen Anteil an der Vermittlung amerikanischer Kultur in Deutschland. Seine Memoirenbände «Memoiren eines Moralisten» und «Das Exil im Exil» sowie das Gedichtbuch «Wir sind die Letzten. Der Maulwurf» wurden große Erfolge bei einem jüngeren Publikum, das oft erst durch diese Lektüre von der Existenz einer nicht kommunistischen, gleichwohl antifaschistischen Emigration erfuhr. Hans Sahl starb 1993.

Jorge Semprún, geboren 1923 in Madrid, lebt seit 1939 in Frankreich. Jorge Semprún stammt aus großbürgerlichem Hause, wo er von deutschsprachigen Gouvernanten erzogen wurde – und «durfte» sein Deutsch als KZ-Häftling in Buchenwald verbessern; er war als Anti-Franco-Emigrant Widerstandskämpfer in Frankreich – und später Kultusminister der Spanischen Republik; er war mit der Pasionaria und Carrillo Mitglied des ZK der spanischen Exil-KP – und veröffentlichte mit seinen Memoiren «Federico Sánchez» die seit Jahren rigoroseste Absage an den Kommunismus; er schrieb läppische Stalin-Gedichte, großartige Romane, Drehbücher für erfolgreiche Polit-Thriller wie «Z» oder «Das Geständnis». 1993 erhielt er den Friedenspreis des deutschen Buchhandels.

Alexander Solschenizyn, geboren 1918 in Kislowodsk/Kaukasus, gilt vielen als die Stimme Rußlands, manchen als falscher Tolstoj und einigen als gefährlicher russischer Nationalist religiöser Tönung; «Adieu Solschenizyn» überschrieb schon 1990 Bernard-Henri Lévy seine Polemik gegen «Rußlands Weg aus der Krise» in «Libération». Spätestens seit seiner Erzählung «Ein Tag im Leben des Iwan Denissowitsch», 1962 in «Nowy Mir» erschienen, war der 1970 mit dem Nobelpreis Ausgezeichnete einer der Großen der russischen Literatur – der sein moralisches wie ästhetisches Versprechen mit den Romanen «Der erste Kreis der Hölle», «Krebsstation» und «Archipel Gulag» einlöste. Als der 1974 aus Rußland Ausgewiesene bei Heinrich Böll vorübergehend Obdach fand (seine endgültige Heimstatt wurde 1976 eine Farm im amerikanischen Bundesstaat Vermont), war Solschenizyn eine internationale Instanz. Seitdem tobt aber auch die Debatte, ob seine akribische Historiographie überhaupt noch der Literatur zuzurechnen ist – oder nicht vielmehr in einer Mischung aus slawischem Messianismus, Zivilisationsschelte und der Botschaft vom «einfachen Leben» (des bäuerlichen Rußland) versteinert. Solschenizyn kehrte 1994 nach Rußland zurück.

George Tabori, geboren 1914 in Budapest. Er lebte 1932/33 als Kellner und Aschenbecherputzer in Berlin und emigrierte – nach einem Intervall als Journalist 1935 in Budapest – nach London. 1947 geht Tabori nach Hollywood und New York, es entstehen Romane, die Filmarbeit beginnt (wie die Freundschaft mit Brecht und Thomas Mann). Der Kontakt zu Amerika – 1952 wird Taboris erstes Bühnenstück «Flight into Egypt» in der Regie von Elia Kazan aufgeführt – reißt auch in den Jahren seiner Rückkehr nach Europa nicht ab, wo er erst ab 1971 endgültig bleibt: mit Theaterarbeit u. a. in Berlin, Tübingen, München, Bremen und Wien. 1987 bis 1990 ist Tabori künstlerischer Leiter des Theaters «Der Kreis» in Wien. Seine Inszenierungen oder die von anderen Regisseuren vorgestellten eigenen Stücke werden an fast allen renommierten Bühnen im In- und Ausland gespielt. Im Steidl-Verlag erscheint eine Werkausgabe seiner Romane.

Michel Tournier, geboren 1924 in Paris, ist einer der erfolgreichsten französischen Gegenwartsschriftsteller; sein Erstlingsroman «Freitag oder Im Schoß des Pazifik» (1967) wurde mit dem großen Preis der Académie Française, sein zweiter «Der Erlkönig» (1970) mit dem Prix Goncourt ausgezeichnet. (Volker Schlöndorff arbeitet seit 1995 an der Verfilmung des Romans). Seitdem haben seine Bücher Millionenauflagen. Er ist Mitglied der Académie Goncourt, wurde in der DDR verlegt, von Willy Brandt zu Vorträgen eingeladen und von Jean Améry der «Ästhetisierung des Faschismus» geziehen (worauf er mit Léon Blum antwortete: «Sozialismus ist eine Moral, Kommunismus eine Technik, Faschismus eine Ästhetik.»). Man hat ihm vorgeworfen, links zu denken und rechts zu leben und seit seinem Jura- und Philosophiestudium in Tübingen zumindest «germanophil» zu sein, wenn nicht mit den Nazis zu sympathisieren; denn in dem autobiographischen Essay «Der Wind Paraklet», in dem er schildert, wie deutsche Soldaten sein Elternhaus in Saint-Germain besetzen, heißt es: «Nie werde ich den Geruch vergessen, in dem sich ihr Verpflegungstabak mit dem Fett der Knobelbecher mischte. Für mich war es der Geruch des Glücks. Ich hatte glühend gewünscht, der Krieg möge ausbrechen und meinen Schulproblemen ein Ende machen.»

Mario Vargas Llosa, geboren 1936 in Arequipa (Peru), hat mit seinem Erstlingsroman «Die Stadt und die Hunde», in dem er seine zweijährige Erfahrung in der Kadettenanstalt Leoncio Prado in Lima verarbeitete, bereits großen Erfolg gehabt. Die beiden Romane «Das grüne Haus» (1967) und «Die andere Seite des Lebens» (1969) festigten seinen Ruf als Perus führender Romancier. Seit seinem großen biographischen Essay «Gabriel García Márquez» (1971) setzt er sich mit dem – anfangs eng befreundeten, inzwischen durch heftige Fehden entfremdeten – kolumbianischen Kollegen auseinander; damit auch mit der Haltung des linksgerichteten Schriftstellers schlechthin. Zunehmend kritisierte Llosa in zumeist heftig diskutierten öffentlichen Auftritten oder Zeitungsbeiträgen linke (zum Beispiel Castro-freundliche) Positionen europäischer und amerikanischer Autoren. Der mit zahlreichen internationalen Preisen ausgezeichnete Schriftsteller, der seit vielen Jahren in Europa – zumeist in London – lebt, kandidierte 1990 bei den Präsidentschaftswahlen in Peru.

Fritz J. Raddatz

Zahlreiche literarische Essays sind von **Fritz J. Raddatz,** zweifellos einer der wichtigsten Literaturkritiker unserer Zeit und Herausgeber der Werke Kurt Tucholskys, bereits im Rowohlt Taschenbuch Verlag erschienen. Mit der Erzählung «Kuhauge» gab er sein Debüt als Schriftsteller.

Kuhauge *Erzählung*
(rororo 12550)
«Diese Erzählung ist ein sinnliches Erlebnis, vom ersten bis zum letzten Satz.»
Bonner Generalanzeiger

Geist und Macht *Essays 1*
(rororo sachbuch 8551)

Eros und Tod *Essays 2*
(rororo sachbuch 8550)

Revolte und Melancholie
Essays 3
(rororo sachbuch 8552)

Unterwegs *Literarische Reiseessays*
(rororo sachbuch 9103)

Zur deutschen Literatur der Zeit 1
Traditionen und Tendenzen
(rororo sachbuch 8447)

Zur deutschen Literatur der Zeit 2
Die Nachgeborenen
(rororo sachbuch 8448)

Zur deutschen Literatur der Zeit 3
Eine dritte deutsche Literatur
(rororo sachbuch 8449)

Heine *Ein deutsches Märchen*
(rororo sachbuch 8353)

Karl Marx *Der Mensch und seine Lehre*
(rororo sachbuch 8324)

rororo Literatur

Der Wolkentrinker *Roman*
(rororo 13054)

Im Rowohlt Verlag sind von Fritz J. Raddatz außerdem lieferbar:

Lügner von Beruf *Auf den Spuren William Faulkners*
128 Seiten. Gebunden.

Die Wirklichkeit der tropischen Mythen *Auf den Spuren von Gabriel García Márquez in Kolumbien*
160 Seiten. Gebunden.

Tucholsky – Ein Pseudonym
Essay
160 Seiten. Gebunden.

Die Abtreibung *Roman*
256 Seiten. Gebunden.

3265/2